소명 사명 순명

# 소명 사명 순명

소아청소년과의사 박상학 장로의
의료선교사역 이야기

## 추천사

　소명(召命), 사명(使命), 순명(殉命)으로 삶의 여정을 걸으며 살면서 꼭 해야 하는 일이 많습니다. 하나님께서 세상에 보내셔서 삶의 여정을 걷는 사람으로서 자기 삶을 성찰하고 그 삶의 발자국을 다른 사람에게 소박하게 전하는 것은 참으로 값진 일입니다. 이른바 자서전(自敍傳)을 쓰는 일입니다. 자서전은 삶의 가치에 관한 자신의 고백과 그 여정을 담은 글입니다.
　박상학 장로님의 자서전이 준비되고 있다는 얘기를 듣고 참 기뻤습니다. 박 장로님의 자녀 4남매가 나서서 아버지가 살아오신 삶의 이야기를 준비하고 있습니다. 이 책의 목차와 초고를 보면서 장로님 내외분이 걸어오신 길이 얼마나 아름다운지를 새삼스레 더 깊이 알 수 있었습니다.
　제가 말씀삶공동체 성락성결교회에 와서 목회한 지 21년이 되었습니다. 이제는 천국에 계신 전임 박태희 목사님께서 36년 동안 이 교회에서 목회하셨습니다. 박상학 장로님의 신앙과 삶은 박 목사님과 뗄 수 없이 연결되어 있습니다. 박 목사님이 늘

강조하셨고 또 삶으로 보여주신 것이 사랑의 섬김이며, 그로써 이어지는 선교였습니다. 이런 목회 철학과 헌신을 따르며 맺힌 열매 중 하나가 박상학 장로님의 사역입니다.

하나님께서 박상학 장로님을 의사로 부르신 그 소명(召命)이 참 귀합니다. 사람은 누구나 자신을 위한 소명을 깨닫고서야 비로소 자기 삶의 가치와 목적을 압니다. 박 장로님에게 그것이 의료인의 길이었습니다. 위에서 하나님께서 부르신 것이 소명이니 소명처럼 중요한 것이 없습니다. 박 장로님은 자신의 소명에 깊이 감사하며 그 가치에 헌신하며 살아오셨습니다.

우리를 부르신 하나님께서 우리를 품에 안고 기르시어 파송하십니다. 할 일을 맡기어 세상으로 보내십니다. 이것이 사명(使命)입니다. 소명에 제대로 응답하지 않으면 사명을 받을 수 없습니다. 나를 부르신 소명에 감격하며 주님 안에서 나의 달란트를 갈고 닦은 사람이 나를 보내시는 사명을 받을 수 있습니다. 우리 교회의 의료선교 43년의 역사와 박 장로님이 자신의 사명에 헌신한 삶의 여정이 겹칩니다.

부르신 소명에 근거하여 세상으로 보내시는 사명을 받은 사람은 자신의 삶과 존재를 바쳐 헌신합니다. 삶과 죽음 모든 것이 여기에 걸립니다. 그렇게 사는 모습이 순명입니다. 순명이란 단어를 사전에서 찾으면 따를 순, 목숨 명으로 구성된 단어 순명(順命)이 나옵니다. 그러나, 저는 이 단어의 한자에 따라 죽을 순(殉)을 넣은 단어 '순명(殉命)'을 좋아합니다. 사전에는 나오지 않지만 제가 한자를 조합한 단어입니다.

예수 그리스도께서 그리스도인의 삶을 이렇게 말씀하셨습니다. 마가복음 8장 34~35절 내용입니다.

"무리와 제자들을 불러 이르시되 누구든지 나를 따라오려거든 자기를 부인하고 자기 십자가를 지고 나를 따를 것이니라. 누구든지 자기 목숨을 구원하고자 하면 잃을 것이요, 누구든지 나와 복음을 위하여 자기 목숨을 잃으면 구원하리라."

제가 성락성결교회에 부임한 것이 2004년입니다. 박 장로님이 시무장로로 14년을 저와 함께 사역하셨습니다. 그리고, 은퇴하신 지 7년이 되었습니다. 모두 21년을 함께 신앙생활을 하면서 뵌 박 장로님은 여일(如一)하신 분입니다. 의료인으로 부르시고 파송하신 일에 목숨을 다해 헌신하신 분입니다.

소명, 사명, 순명으로 삶의 여정을 걸으며, 박 장로님 내외분이 받으신 은혜가 많은 줄 압니다. 장로님에게는 곽영숙 권사님이 하나님께서 주신 가장 큰 선물일 것이고, 두 분에게 주신 4남매 자녀 후손은 무엇에 비할 수 없는 보석입니다. 지금까지 걸어오신 길이 그렇듯이 앞으로도 곽 권사님과 함께 걸어가시는 삶의 여정에 갈수록 더 풍요로운 은혜가 넘치기를 기도합니다. 존경하는 박상학 장로님, 곽영숙 권사님, 축복합니다!

주후 2025년 1월 20일, 그리스도 안에서
말씀삶공동체 성락성결교회 담임목사 지형은

## 추천사

박상학 원장은 의예과 합격자 면담장에서 처음 본 후 의과대학 생활을 같이하고 졸업 후 대학 동기 모임에서 만나고 소식을 듣곤 했다.

내가 본 박 원장은 한마디로 말한다면 한눈팔지 않고 묵묵히 정도를 걸어가는 모범적인 학생이었고 의사였다.

어느새 기독교인으로서 의료봉사 활동에 활발히 참여하고 국내는 물론 국외의 많은 선천성 심장병, 희귀질환 환자들을 찾아내어 국내에 데려와서 치료하고 수술받을 수 있도록 앞장서서 여러 기관과 연계해서 협력하고 또 후원 기금을 마련하여 많은 어린 생명들을 구하는 데 헌신적이었다.

의과대학생들 중 일부가 아프리카의 성자로 불리는 슈바이처 같은 의사가 되겠다고 생각하면서 의과대학에 지망하지만 정작 의사가 된 후에는 현실에 적응하기에 급급하며 봉사와는 먼 삶을 살아간다.

"나의 이웃이 누구인가"보다는 "어려움에 빠진 사람의 이웃이 누구인가"를 묻는 예수님의 말씀을 새기면서 그런 이웃을 도우며 살아가는 사람들이 있다. 그들은 아직도 굶주리고 병들어 신음하는 사람들이 많은 이 시대의 희망이고 빛이다.

그런 삶을 사모한 적은 있어도 그런 삶을 살지 못한 나로서는 부끄럽지만 그런 삶에 자신을 던지며 오랫동안 헌신해 온 박 원장의 삶은 후배 의사들에게 귀감이 될 것이다.

그런 삶을 '소명·사명·순명'이란 책에 담아 제2의, 제3의 박상학이 탄생하는 계기가 되길 바란다.

2025년 6월
대학 동기 고경봉
(전 연세대학교 의과대학 정신건강의학과 교수)

## 추천사

지금부터 약 42년 전으로 기억된다. 당시 성락성결교회 집사인 박상학 장로와 지금은 소천하신 이장렬 장로가 중심이 되어, 형편이 어려워 병원에 가지 못하는 이웃들과 무의촌 교회를 위하여 의료봉사를 시작하게 되었다.

두 분의 의료봉사가 좋은 반응을 얻게 되자, 교회에서는 1982년 2월에 성락의료선교회를 조직하여 지역에는 물론 매월 1회 무의촌 교회에 의료봉사를 실행하였다.

1996년부터는 의료봉사의 범위를 넓혀 매년 1회 해외 의료봉사를 실시해온 것이 오늘에 이르기까지 이어져오고 있다.

그동안 박상학 장로가 단 한 번이라도 국내 의료선교나 해외 의료선교에 참여하지 않은 적이 없다. 특히 국내외를 막론하고 심장병이나 희귀난치병 어린이들을 한국으로 초청하고 병원을 물색하는 등의 노력은 사명감 없이는 할 수 없는 일이다.

내가 박 장로를 따라 수차례 심장병으로 수술받은 어린이의 병상이나 희귀난치병으로 고통받는 가정을 심방한 적이 있다.

그럴 때마다 박 장로의 귀하고 어린 생명의 쾌유를 비는 간절한 눈물의 기도는 잊을 수가 없다.

42년이 넘도록 박 장로의 헌신은 계속되고 있다. 수많은 아픈 이들을 돌보았고 수십 명의 생명을 살렸다.

그 이면에는 의사들과 간호팀 등 봉사자들의 도움이 있었고 보이지 않는 사랑의 손길이 있었다.

박 장로가 지은 책은 소명, 사명, 순명을 다한 삶의 자국이고, 역사이다. 박 장로의 삶이 복음적인 삶임을 보고 많은 가르침을 받았다.

박 장로와 40여 년 신앙의 동지로 한 교회를 섬겨온 것은, 나에게는 큰 축복이자 영광이요, 자랑이다.

2025년 6월
성락성결교회 원로장로 곽일환

## 들어가며

나는 무자년(1948년) 9월에 태어났다. 이때는 일제로부터 해방된 지 3년째로, 미국의 큰 주보다도 작은 이 좁은 동양의 한 나라가 남과 북으로 나뉘어 서로를 적대시하던 시기였다. 지금 생각해봐도 너무 안타까운 역사이다. 한 민족이 국제적인 이념주의 냉전에 휩싸여 두 나라로 갈라졌으니 말이다.

내가 세 살이었던 1950년 6월에 북한의 남침으로 6.25 전쟁이 터졌고 무고한 국민들은 남으로 피난을 가야 했다. 11년 전 돌아가신 어머니(고 이유수 권사님)의 생전 회고담에 따르면 어머님 등에 업혀 종일 남으로 피난을 가다 식사 때가 되어 어머님께서 나를 내려놓으면 온 들판을 마구 뛰어다니며 다시는 안 업히려 앙탈을 부렸다고 한다. 얼마나 다리가 아팠으면 그랬을까 싶다.

서울 수복 후에 본가에 돌아왔을 때의 일이다. 대야에 얼어붙어 있던 얼음을 버리러 동네 형과 같이 밖으로 나왔다가 집에 갈 길을 잃어버려 울고 있었다. 그 당시는 수많은 전쟁고아가 있어서 길에 어린아이만 있으면 제대로 확인도 하지 않고 파출소에 보내던 시절이었다. 나도 역시 파출소로 끌려와 있었는데, (여기서부터는 더 생생하게 기억이 난다) 미군 부대에서 받아온 건포도를 먹으며 의자에 앉아 있었다. 거의 한 시간마다 트럭(아마도 GMC)이 와서 이 전쟁고아들을 싣고 어디론가(고아원) 보내고 있었다. 바로 내 앞의 아이들까지 실려 가고, 이제 내가 있었던 곳의 차례가 된 순간에 부모님이 나를 찾으러 오셔서 천만다행으로 나는 집으로 갈 수 있었다. 돌이켜 보면, 이때 고아원으로 끌려갔었더라면 아마도 전쟁고아로 여겨져 미국이나 유럽으로 입양되어 가지 않았을까 하는 생각이 든다.

사업을 하셨던 아버님의 노고로 걱정 없이 공부에 매진했던 초중고 시절을 보내고, 연세 의대를 들어와 이제 의사(1974년)가 된 지도 어느새 50년이 되었다. 나는 연세대학교 의과대학(구 세브란스 의학전문학교)의 역사를 모르고 입학하였으나, 들어와 교육받고 보니, 참으로 대단한 은혜로 설립된 학교였다. (본문의 세브란스 설립 역사 이야기를 읽어보시면 좋겠다) 작년에 50주년 재상봉 행사를 연세대학교 의과대학과 본 교정에서 하였는데 참으로 감격스럽고 감사한 시간이었다.

생각해 보면 내 힘만으로, 저절로 이루어진 것은 하나도 없는 여정이었다. 그야말로 하나님께서 크신 사랑의 섭리로 모든 것을 이끌어 주셨고 이제까지 내 손을 잡고 길을 인도해 주신 은혜를 고백할 수밖에 없다.

이제 이러한 기억들이 내 나이가 더 들어 희미해지기 전에 이 하나하나의 간증을 기록해야겠다는 생각이 들었다. 혼자 틈틈이 정리했던 자료들을 그때그때 모아보려 했으나 제대로 정리가 안 되고, 순서도 뒤바뀌는 등 작업이 쉽지 않았다. 그러던 차에 미디어출판회사 대표인 큰딸 박진형과 여러 책의 저자와 편집인 경험이 있는 사위 안지현(내과 전문의)이 내 자료와 구술을 바탕으로 이렇게 책으로 엮게 된 것이다.

또한 어릴 때부터 예능계(전자기타 연주, 그림, 디자인)에 재능이 있어 미국 LA로 유학을 간 큰아들 박형준이 책의 표지를 만들었다. 수고에 감사함을 전한다. 그리고, 둘째딸 박지현은 현재 굴지의 컨설팅 회사에서 임원으로, 막내아들 박승준은 수의사로 동물병원에서 일하고 있다. 하나님께서 내게 축복으로 주신 네 자녀(딸 둘, 아들 둘) 모두 사회에서 제 역할을 하고 있어 감사할 뿐이다.

모쪼록 이 작은 기록들이 창조주 하나님의 크신 사랑의 역사하심(임재)과 인도하심(현존)을 증거하며 살아계신 하나님께 영광을 돌리는 데 있어 작은 시작이 되기를 기원한다.

"내가 걸어왔던 모든 순간이 당연한 것 아니라 은혜였소. 모든 것이 은혜, 은혜였소. 내 삶에 당연한 건 하나도 없었던 것을"

- 복음성가 '은혜' 가사 중에서

2025년 9월

박상학 드림

2025년 8월 필리핀 의료선교에서

## 목차

**추천사**_4
**들어가며**_11

### 1. 의사의 삶
:

의사의 삶을 선택하다: 소명의 씨앗_22
의대생 시절과 간호사 아내와의 만남: 주님이 예비하신 동반자_30
전인적인 소아과 의사가 되기로 하다: 소명의 길을 찾아서_38
박상학소아과의원의 환자들: 하나님의 치유 역사_47

### 2. 의료선교로의 부르심
:

의료선교의 의미: 예수님의 손과 발이 되어_62
해외 단기 의료봉사: 국경을 넘은 사랑의 실천_71
세브란스병원 이야기: 선교와 의료의 영향력_79

## 3. 오지를 찾아가다
:

카자흐스탄에 가다: 유라시아 심장부에서의 치유사역_90
중국에 가다: 생명을 살리는 믿음의 여정_96
몽골에 가다: 광활한 초원에서 피어난 치유의 기적_106
필리핀에 가다: 태평양의 섬나라에서 전하는 치유와 희망_113
태국에 가다: 열대의 미소 국가에서 펼친 치유의 손길_121
인도네시아에 가다: 군도의 나라에서 전한 치유와 소망_127
캄보디아에 가다: 킬링필드를 넘어 희망을 심다_136
개성공단에 가다: 닫힌 국경을 넘어 의술을 나누다_142
동역자들 I: 함께 나누는 치유의 손길_147
동역자들 II: 보이지 않는 곳에서의 헌신_157

## 4. 나에게 찾아온 시련과 감사

:

눈 수술을 하다: 빛을 되찾은 여정_166
심장혈관 스텐트를 넣다: 생명의 위기에서 맞이한 새로운 은혜_174
에비슨 봉사상을 수상하다: 예기치 않은 인정의 순간_180
어머니 고 이유수 권사님의 우물 기증: 생명의 물을 나누는 유산_184


**나오며**_190

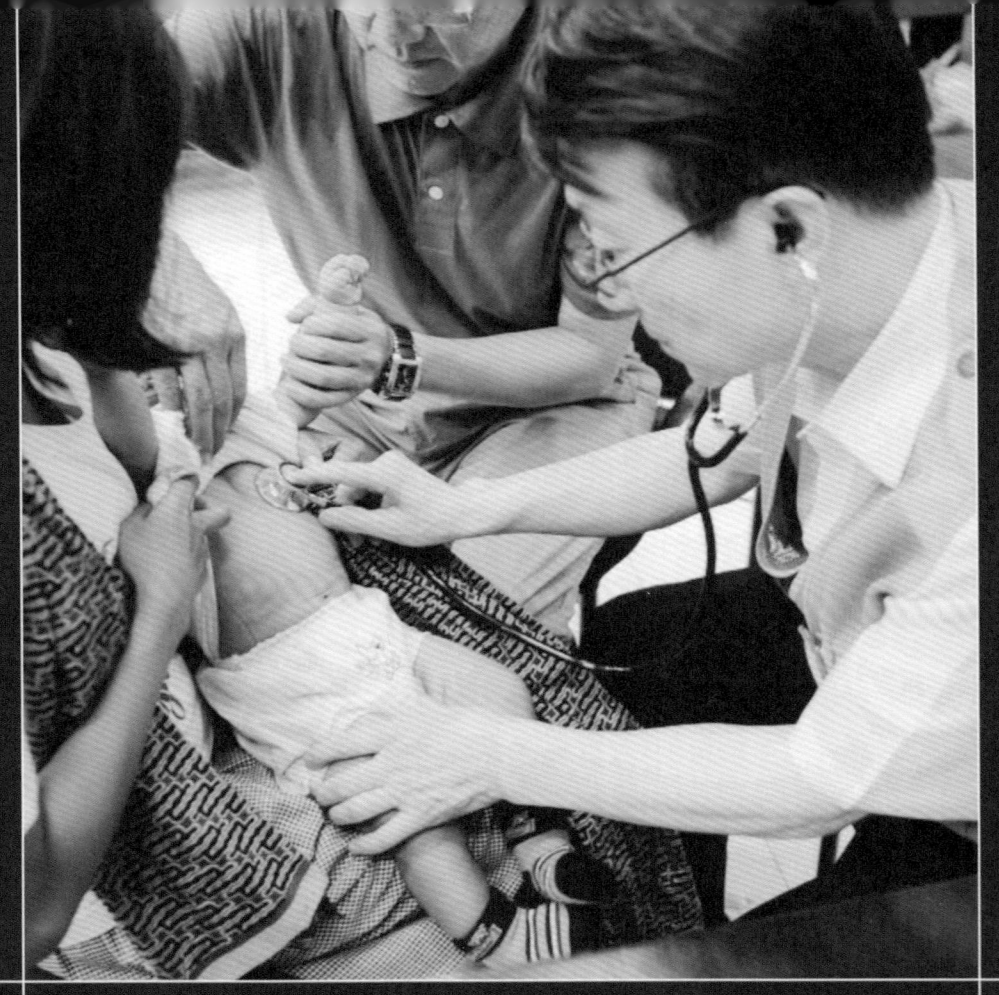

# 소명(召命)
## 사명(使命)
### 순명(順命)

소아청소년과의사 박상학 장로의
의료선교사역 이야기

# ① 의사의 삶

## 의사의 삶을 선택하다

:

소명의 씨앗

내가 처음으로 의사의 길을 접하게 된 것은 국민학교(현 초등학교)에 다니던 때였다. 5학년 때 담임이신 서성우 선생님께서 "상학이는 이 다음에 의사하지."라고 말씀하셨던 기억이 선명하다. 어린 마음에도 그 말씀이 가슴 깊이 남았다. 후일 돌이켜 생각해보니, 하나님께서는 이미 그때부터 내 삶의 방향을 은근히 인도하고 계셨던 것 같다.

당시 나는 반장으로서 친구들을 이끌었는데, 어느 날 학교 주변에서 6.25 전쟁 때 부상을 입은 것으로 보이는 상이군인이 구걸하는 모습을 보았다. 그 모습에 가슴이 아팠고, 주저 없이 반 친구들에게 "우리가 도울 수 있는 일을 해보자"고 제안했다. 아이들과 함께 용돈을 모아 상이군인을 도왔던 기억이 있다. 비록 어린 나이였지만, 누군가의 고통을 외면하지 않고 도움의 손길을 내밀었던 그 순간이 내 인생의 방향을 조금씩 형성해갔다고 생각한다.

"너희가 여기 내 형제 중에 지극히 작은 자 하나에게 한 것이 곧 내게 한 것이니라." (마태복음 25:40)

서성우 선생님께서는 그런 나의 모습을 보시고 내게 아픈 사람들을 치료하며 돕는 의사의 모습이 잘 어울리겠다고 생각하셨을지도 모른다. 그때 선생님께서는 내게서 이미 의사의 싹, 즉 타인의 아픔에 공감하고 도움을 주려는 마음의 싹을 보신 듯하다.

성장하면서 이 '씨앗'은 계속해서 자라났다. 경기고등학교 2학년 때였던 것으로 기억한다. 생물 선생님께서 동물발생학 강의를 하시면서 당시로서는 매우 생소한 라틴어 원어를 쓰신 적이 종종 있었는데, 이상하게도 그 낯선 용어들이 내게는 무척 흥미롭고 재미있게 다가왔다. 지금도 기억나는 원어 중 하나는 '슈도포디아[Pseudopodia; 유사돌출, 위족(僞足)]'라는 단어인데, 이는 단세포 원생생물에서 일시적으로 형성되는 돌기를 의미한다. 쉽게 설명하면 아메바가 움직이기 위해 마치 발처럼 세포질을 뻗어나가는 현상이다. 미세한 생명체의 움직임과 그 생존의 메커니즘을 배우는 과정이 마치 신비로운 세계를 탐험하는 듯한 느낌을 주었다.

**어머니(왼쪽), 서성우 선생님(오른쪽)과 함께**
1956년 국민학교 5학년 당시, 의사의 꿈을 처음 품게 된 계기가 되었던 순간

이렇게 생명의 신비에 대해 공부하는 생물학을 탐구하면서 자연스럽게 이과를 선택하게 되었고, 서성우 선생님과 마찬가지로 생물 선생님께서도 내게 의대를 가라고 권유하셔서 고등학교 3학년 때 의대로 갈 결심을 굳히게 되었다. 두 스승의 권유는 단순한 조언이 아니라, 지금 돌이켜 보면 하나님께서 내 인생의 방향을 인도하시는 작은 표지판이었다고 생각한다.

"너의 행사를 여호와께 맡기라 그리하면 네가 경영하는 것이 이루어지리라." (잠언 16:3)

의사로서 환자를 치료하는 것도 중요하지만, 내가 나의 의료 행위를 통해 남을 돕겠다는 인생관을 가지게 된 것은 사춘기 시절 탐독한 여러 책들과 종교적인 경험의 영향도 크다. 나는 중학생 시절부터 서머싯 몸의 『인간의 굴레에서』나 알렉상드르 뒤마의 『몽테크리스토 백작』 같은 고전 문학들을 읽으며 삶의 의미와 인간 존재의 가치에 대해 깊이 생각했다.

특히 『인간의 굴레』의 주인공인 필립이 다리의 장애를 갖고 열등감과 온갖 고민에 시달리다가 시골 의사로 정착한 뒤 자기를 괴롭히던 여러 생각의 굴레에서 벗어나 자유롭게 된 과정이 내게 큰 감명을 주었다. 그의 이야기를 통해 나는 자신의 상처를 극복하고 타인을 치료하는 과정에서 오히려 자신이 치유되는 역설적 진리를 배웠다. 이는 후일 내가 의료선교를 하면서 더욱 깊이 체험하게 된 진리이기도 하다.

또한 메피스토펠레스라는 악마에게 영혼을 팔아 농락당하고 방황했지만 결국 구원받는 인간의 이야기인 괴테의 『파우스트』를 읽으면서 영혼의 구원이란 주제에 관심을 가지게 되었다. 단순히 신체적 질병만을 치료하는 것이 아니라, 인간의 영혼까지 돌보는 전인적(全人的) 치료의 중요성을 어렴풋이 깨닫기 시작했던 시기였다.

돌이켜보면 나는 학생 때부터 물질적인 풍요로움이나 겉으로만 보이는 모습에 크게 관심이 없었고, 그런 것들이 덧없다는 생각을 종종 했었다. 특히 고등학생 때부터 영적인 것을 추구하려는 경향이 강해졌던 것 같다. 세속적 성공이나 부에 대한 갈망보다는 삶의 근원적 의미와 영원한 가치를 찾고자 하는 마음이 내 안에서 자라나고 있었다.

그래서 고등학교 1학년 때 룸비니 불교 클럽에 들어가서 불교에 대해 체계적으로 공부를 하게 되었다. 250자에 달하는 한자를 외우고 『반야심경』을 암송하며 배우는 게 재미있었다. 그러다가 고등학교 2학년 때 어머니께서 교회에 나가시면서 독실한 기독교 신자가 되셨는데, 불교 쪽으로 가려는 내게 "부모와 종교가 다르면 안 된다."고 말씀하셨다. 불교의 명상 수행이 좋다고 생각했지만 나는 어머니의 말씀에 순종하기로 하였다. 부모님을 공경하라는 성경의 가르침을 알지 못했던 시절이었지만, 그 가르침을 실천한 셈이었다.

"네 부모를 공경하라 그리하면 네 하나님 여호와가 네게 준 땅

에서 네 생명이 길리라." (출애굽기 20:12)

그리하여 나는 잠시 접했던 불교를 뒤로하고 기독교 신자가 되어 내 일생을 인도하시고 주관하시는 하나님을 만나게 되었다. 그분은 내 인생의 모든 단계마다 함께하시며, 의사로서, 특히 의료선교로 내 걸음을 인도해주셨다.

그 후 십계명을 알게 되었는데 그중 예닐곱 개는 불교의 10악죄(十惡罪) 또는 10불선행(十不善行)에 있는 죄와 일치하였다. 그걸 보고 '종교는 다르지만 인간에게 있어서 기본적인 도덕 계율은 마찬가지구나'라고 생각했다. 모든 인간의 영혼 깊은 곳에는 보편적인 선(善)을 향한 지향이 있다는 것을 느꼈고, 이는 창조주 하나님의 형상이 모든 인간 안에 심어져 있기 때문이라는 것을 후에 깨닫게 되었다.

이러한 경험과 사색을 거쳐 '의사'라는 직업을 선택하기로 하며 고등학교 3학년이 되었다. 그러나 인생에는 때로 예상치 못한 난관이 찾아온다. 이상하게도 나는 식사만 하면 배가 아프고 설사를 했다. 청량리 위생병원 내과에서 감염병이라고 진단을 받았다. 약을 두 달이나 복용하였는데도 체중이 계속 빠져서 정말 너무 힘들었다.

대학 입시에 중요한 고등학교 3학년 시절을 공부에 집중하지 못한 채 건강 문제로 그렇게 보내서 결국 재수를 할 수밖에 없었다. 그때는 왜 하필 중요한 시기에 이런 시련이 왔는지 이해

필자의 고등학교 시절

할 수 없었지만, 지금 돌이켜 보면 이 또한 하나님의 섭리였다. 이 경험을 통해 나는 환자의 고통을 더 깊이 이해하고 공감할 수 있는 의사가 되기 위한 준비를 하고 있었던 것이다.

재수 기간에 광화문 대성학원에서 공부하였는데 시험 성적은 줄곧 괜찮았다. 고등학교 때보다 마음의 여유를 갖고 클래식 음반도 들으며 행복하게 공부했다. 아직도 재수 시절 들었던 클래식 LP판 생각이 가끔 나곤 한다. 베토벤의 교향곡과 모차르트의 피아노 협주곡을 들으며 마음의 위로와 감동을 받았던 시간들은 의학을 공부하고 의사로 살아가는 과정에서도 내 영혼의 자양분이 되었다.

드디어 입시를 치르고 대학 합격자 발표 날이 되었다. 어머니께서 새벽부터 기다리시다 오전 9시에 신문사에 전화를 거셨다. 그때는 신문에 합격자 명단이 실렸다. 내 이름을 대시고 연세대학교 의과대학 합격자 중 내 이름이 있는지 확인하셨는데 이름이 없다는 답변이 돌아왔다. 믿을 수가 없어서 재차 전화를 걸어 다시 확인하니 내가 4등으로 합격을 하였다는 것이다. 내 이름이 너무 앞에 있어서 처음 전화를 걸었을 때 합격자 명단에 없다고 한 것이었다.

그 순간 어머니의 기쁨에 찬 표정을 지금도 잊을 수 없다. 하나님께서 내 앞길을 열어주셨고, 치유와 봉사의 길로 인도해주셨다. 우수한 성적으로의 합격은 내게 더 큰 책임감을 안겨주었다. 그 순간부터 나는 이 기회를 소중히 여기고, 의학을 통해 하나님의 사랑을 실천하겠다는 결심을 더욱 굳게 했다.

## 의대생 시절과 간호사 아내와의 만남

:

주님이 예비하신 동반자

"돕는 배필"이라는 성경 구절처럼, 하나님은 내 삶의 여정에 완벽한 동반자를 준비해두셨다. 그러나 그 여정에 이르기까지 나는 먼저 의학이라는 거대한 산을 오르기 시작했다. 1968년 연세대학교 의과대학 학생이 되어 신촌 캠퍼스 여기저기를 누비며 열심히 공부하고, 동기들과 문장대 등으로 여행도 다니며 충실하게 예과 2년을 보냈다. 까마득한 옛 기억을 더듬으며 예과생 때 여행 사진을 다시 보니 자연스럽게 미소가 지어진다.

신선한 산바람과 친구들의 웃음, 그리고 미래에 대한 희망으로 가득 찼던 그 시간들. 꿈 많고 젊음의 에너지가 넘쳤던 내가 그 사진 속에 있다. 지금의 내 모습은 그때의 젊은 나와 많이 달라졌지만 70대 중반을 넘어선 지금도 하나님의 뜻을 좇아 아픈 사람들을 진료하러 세계 이곳저곳을 다니는 에너지만큼은 그때와 같다. 그때나 지금이나 변함없는 것은 하나님을 향한 내 마음과 환자를 향한 나의 열정이다.

"너희 안에서 착한 일을 시작하신 이가 그리스도 예수의 날까지 이루실 줄을 우리가 확신하노라." (빌립보서 1:6)

1968년 예과 2학년 수학여행 때 문장대에서

**수학여행에서 유학수 학장님과 함께**

본과로 올라간 뒤에는 엄청난 공부량과 시험에 쫓기며 치열하게 시간을 보냈다. 해부학 실습에 들어가 카데바(cadaver, 해부학 실습에 사용하는 시신)를 처음 보고 '육신의 죽음은 이렇구나. 덧없다.'는 생각을 했다. 그 순간 성경 구절이 떠올랐다. 인간이란 존재의 유한함과 영혼의 영원함에 대해 깊이 생각하게 된 순간이었다.

"흙은 여전히 땅으로 돌아가고 신은 그 주신 하나님께로 돌아가기 전에 기억하라." (전도서 12:7)

인체의 신비로운 구조를 배우면서 '이 복잡하고 정교한 시스템이 우연히 만들어질 수 있을까?'라는 생각이 들었다. 해부학을 배우면 배울수록 창조주의 지혜와 섬세함에 감탄하게 되었다. 매 뼈마디, 근육, 혈관, 신경의 배열이 완벽하게 조화를 이루는 모습은 마치 위대한 예술가의 걸작품을 보는 것 같았다.

"내가 주께 감사하옴은 나를 지으심이 심히 기묘하심이라 주께서 하시는 일이 기이함을 내 영혼이 잘 아나이다." (시편 139:14)

긴장하면서 집중해 봤던 인체조직 현미경 시험도 지금까지 기억이 난다. 조교가 인체조직 슬라이드가 가득 차 있는 상자를 갖고 와서 현미경의 재물대에 슬라이드를 놓으면 학생들은 현미경을 들여다보고 그것이 어떤 인체조직인지 맞혀야 했다. 그 양이 방대했기 때문에 나는 육안으로 보이는 슬라이드의 모양과 비슷한 사물의 모양을 연관지어 외웠다. '개구리 모양은 ○○ 인체조직' 이런 식으로 이미지를 머릿속에 넣어 수많은 슬라이드를 보면서 시간 안에 빨리 답을 써내야 했던 시험을 통과했다.

돌이켜보면 '내가 이 책들을 어떻게 다 읽고 외웠지? 어떻게 이것들을 다 머릿속에 넣었지?'라는 생각이 들 만큼 정말 어마어마한 공부량을 소화했던 의대 본과 시절이었다. 그러나 힘든 시간 속에서도 하나님은 내게 지혜와 체력을 주셨고, 그 과정에서 환자의 고통을 더 깊이 이해하는 마음도 키워주셨다.

본과 4학년 2학기 말에는 의사국가시험에 대비하여 가까운 친구들끼리 4~6명씩 모여 공부하는 팀을 짜게 되었다. 대개 본과 1학년 때 해부학 실습조를 따라 조를 만들거나 하는데 우리 팀은 고등학교 동기 3명과 그 외 친했던 친구 2명으로 5명이 한 팀을 만들어 공부하게 되었다. 당시 우리 집은 성수동이어서 연세대까지 거리가 멀어 통학할 때 1시간도 넘게 걸려 학교 앞 동네에 내가 방을 월세로 얻어 통학하고 친구들은 내 방에 모여 공부하였다.

**1974년 의과대학 졸업 사진**

우리는 밤새 공부하며 서로 질문을 던지고, 어려운 개념을 함께 풀어가며 지식을 단단히 쌓아갔다. 그 시간들은 단순히 의학 지식을 습득하는 것을 넘어, 환자를 향한 책임감과 의학의 사명에 대해 깊이 생각하는 시간이기도 했다. 우리는 가끔 공부의 중간에 '왜 의사가 되려고 하는가'에 대한 이야기를 나누기도 했다. 나는 그때 이미 의료 봉사와 선교에 대한 꿈을 조금씩 키워가고 있었다.

우리는 의사국가시험에 합격하여 의사면허를 취득한 후 각자의 길을 가게 되어 나를 포함한 3명은 군에 입대해 군의관으로 복무하였고, 2명은 내과, 신경외과에서 전공의(레지던트)를 시작하게 되었다. 군의관 생활을 하던 중 내과 전공의로 들어간 친구 소개로 세브란스병원 응급실에 근무하던 곽영숙 간호사를 만나게 되었다. 곽영숙 간호사와의 만남은 우연이 아닌 하나님의 섭리였다.

몇 번 만나보니 성정이 무척 밝고 남에게 베풀기를 즐거워하는 성격이 마음에 들었다. 그녀의 웃음은 마치 봄날의 햇살 같았고, 환자를 대하는 따뜻한 태도는 진정한 간호사의 모습을 보여주었다. 그녀는 단순히 직업으로서만 간호사 일을 한 게 아니라, 자신의 일을 소명으로 받아들인 간호사였다. 우리는 점점 서로에게 마음을 열게 되었고, 함께하는 시간이 늘어갔다.

평소 의사라는 전문직을 이해하고 도와줄 수 있는 같은 의료계 사람, 특히 간호사를 평생의 반려자로 택하겠다고 생각해 왔던 터라 자연히 가까워져서 군 제대를 하던 해인 1977년 2월에 결혼하게 되었다. 의사와 함께 아픈 사람을 돕는 곽영숙 간호사를 평생 반려자로 허락하신 하나님께 감사드린다.

**1977년 결혼식에서**

우리의 결혼은 단순한 두 사람의 만남이 아니라, 하나님의 계획 안에서 이루어진 소명의 결합이었다. 내가 단기 해외선교 봉사를 나갈 때 몇 차례 아내가 간호사로 동행하여 같이 의료봉사를 했다. 아내의 조력이 있으니 수많은 환자를 진료해도 손발이 잘 맞아 힘들지 않았다. 아내는 내가 진찰을 하는 동안 환자의 기본 정보를 얻고, 처방된 약을 설명하고, 때로는 간단한 처치를 도왔다. 우리는 마치 오랜 세월 함께 일해온 팀처럼 호흡이 척척 맞았다.

결혼 이후 우리는 함께 기도하며 하나님의 인도하심을 구했다. 아내는 내가 의학 공부에 집중할 수 있도록 헌신적으로 지원했고, 환자를 대하는 태도에 있어서도 귀감이 되었다. 하나님이 내게 소명으로 주신 '의료선교'의 과업을 간호사인 아내와 같이 수행할 수 있음이 참으로 은혜롭고 감사할 뿐이다. 아내는 단순히 나의 배우자가 아니라, 하나님께서 예비하신 동역자였다.

"두 사람이 한 사람보다 나음은 그들이 수고함으로 좋은 상을 얻을 것임이라 혹시 그들이 넘어지면 하나가 그 동무를 붙들어 일으키려니와" (전도서 4:9-10)

## 전인적인 소아과 의사가 되기로 하다
:
소명의 길을 찾아서

내가 고등학생 때부터 아프면 다니던 동네의원이 있었다. 고 이덕호 선생님(세브란스 의학전문학교 선배)께서 진료하시던 내과의원이었는데, 어머니도 때때로 진료를 받으러 다니시곤 했다. 이 선생님은 단순히 질병만 치료하는 의사가 아니라, 환자의 삶 전체를 보살피는 지혜로운 의사였다. 그는 환자의 신체적 증상 너머에 있는 정서적, 사회적 문제까지 살피며 전인적 치료를 실천하셨다.

어머니께서는 가끔 이 선생님께 "아들이 의과대학에 다니고 있어요."라고 이야기하셨고, 어떤 과의 의사가 되면 좋을지에 대해 이 선생님께 들은 이야기를 내게 전해주기도 하셨다. 이 선생님은 "의사는 단순히 질병을 치료하는 사람이 아니라, 환자의 전체적인 삶의 질을 돌보는 사람이어야 한다."는 철학을 가지고 계셨고, 그런 가르침이 간접적으로 나에게 전해졌다.

의대 본과 때부터 줄곧 전공을 무슨 과로 할까 고민했었는데, 4학년 임상실습 때 각 과 교수님들이 해당과 환자를 돌볼 때는 우수하지만 타과 분야는 부족한 것을 보게 되었다. 이는 현대의학의 전문화 경향이 가져온 불가피한 결과였지만, 때로는 환자의 전체적인 건강 상태를 파악하는 데 장애물이 되기도 했다.

그래서 나는 '의사가 환자를 볼 때, 특히 진단 단계에서 영육 간에 전체적으로 접근하여 진단하고 치료해야 하지 않나'라는 생각을 하게 되었다. 단순히 증상만 완화시키는 것이 아니라, 그 증상의 근본 원인을 찾고, 환자의 삶의 질을 전반적으로 향상시키는 것이 진정한 치유라고 생각했다. 의사로서 전인적으로 환자 상태를 살피며 진료하고 싶었기 때문에 이런 내 생각과 맞는 전공은 어느 과일지 계속 심사숙고했다.

의대 졸업반이 될 무렵 나의 이상과 맞는 전공은 '가정의학과'라는 결론을 내렸지만 정말 아쉽게도 당시 가정의학과 전공이 없었다. 그리하여 차선책으로 자신의 아픔을 제대로 전달하기 어려운 아이들을 진료하는, 그러기에 환아들의 상태를 전인적으로 꼼꼼히 살펴야 하는 '소아과'(현 소아청소년과) 의사가 되기로 결심하고 당시 과장이셨던 고 윤덕진 교수님을 찾아뵙고 말씀드렸다.

이 결정은 단순한 직업 선택이 아니라, 하나님이 내게 주신 특별한 사명을 받아들이는 과정이었다. 아이들, 특히 자신의 증상을 정확히 표현하기 어려운 어린 환자들을 돌보는 일은 더 많은 인내와 세심한 관찰, 그리고 부모와의 긴밀한 소통을 요구한다.

그 무렵 어머니께서 다니신 이덕호 내과 원장님께 내가 소아과를 전공하려 한다고 말씀드렸더니 이 원장님이 은사인 김명선 박사님(세브란스 의학전문학교 선배)께 얘기하셨고 김 박사님께서 사위인 윤덕진 교수님께 내 얘기를 해주셨다. 하지만 그때 이미 소아과 전공의 인원 선정이 끝난 상태였기 때문에 윤 교수님은 내게 군의관을 마치고 올 것을 제안하셨다. 그래서, 나는 의사국가시험에 합격한 후 의사면허를 받자마자 군의관으로 군대 생활을 시작했다.

군의관으로서의 경험은 내게 또 다른 배움의 시간이었다. 다양한 연령층과 배경을 가진 환자들을 접하며 의학적 지식을 넓히고, 군 생활이라는 특수한 환경 속에서 의료서비스를 제공하는 경험을 쌓았다. 이 시간은 내가 추후 소아과 의사로서 다양한 상황에 적응하고 임기응변으로 대처하는 능력을 기르는 데 도움이 되었다.

나는 3년간의 군 생활을 끝낼 무렵 잠시 미국 유학도 고민했다. 당시 ECFMG[1] 시험을 통해 미국으로 건너간 한국 의사들이 많았는데 내 1년 선배 때부터 미국에서 이 제도가 거의 막힌 상황이었다.

---

1 Educational Commission for Foreign Medical Graduates의 약자로 미국 출신 의사만으로 의료서비스 공급이 부족해 미국 외 국가에서 의과대학을 졸업한 의사가 미국에서 의료활동을 할 수 있도록 자격을 주기 위한 제도

유학이라는 새로운 길과 한국에서의 소아과 의사의 길 사이에서 기도하며 하나님의 인도하심을 구했다. "주여, 제가 어떤 길로 가야 하는지 보여주소서"라는 기도가 내 입에서 떠나지 않았다. 그리고 마침내 내게 주어진 소명이 한국에서 소아과 의사로 봉사하는 것임을 깨닫게 되었다.

진로 문제로 여러 고민을 하다 전역 직전인 1977년 1월경 윤덕진 교수님을 찾아뵈었다. 윤 교수님은 '이 친구가 군 제대할 때가 되었는데 왜 안 찾아오나'하고 생각하셨다며, 좀 더 빨리 오지 않은 나를 나무라셨다. 이 만남은 내 의학 여정의 중요한 전환점이 되었다.

군을 제대하고 나는 고려병원(현 강북삼성병원) 인턴으로 들어갔고, 그로부터 1년 뒤 신촌에 있는 세브란스병원에서 소아과 전공의 과정을 시작하였다. 이렇게 해서 내 소아과 의사로서의 여정이 본격적으로 시작되었다.

전공의 과정은 도전의 연속이었다. 밤샘 당직, 복잡한 의학적 사례들, 그리고 무엇보다 아픈 아이들과 걱정하는 부모님들을 마주하는 일은 체력적으로도, 정서적으로도 쉽지 않았다. 하지만 이 과정에서 나는 의사로서뿐만 아니라 인간으로서도 성장했다. 아이들의 순수한 미소와 회복되는 모습을 볼 때마다 내가 이 길을 선택한 이유를 다시 한번 확인할 수 있었다.

전공의 2년차 때 지방의 보건지소로 파견을 나갔다. 당시 전국에 무의촌이 많아 전공의 과정 4년 동안 6개월은 무의촌 보건소나 보건지소에 파견되어 근무하였다. 나는 전북 임실군 강진

면에서 보건지소장으로 근무하였고, 이어서 군산 개정병원 소아과에서 근무했다.

인턴 수료 당시(앞줄 제일 왼쪽이 필자)

강진면에서의 경험은 내 의사 생활에서 특별한 의미를 가진다. 의료시설이 부족한 시골 지역에서 유일한 의사로서 주민들의 건강을 책임진다는 것은 두렵기도 했지만, 동시에 큰 보람을 느끼게 해주었다. 아침부터 저녁까지 줄을 서서 기다리는 환자들을 진료하며, 때로는 응급 상황에서 즉각적인 판단을 내려야 했다.

특히 기억에 남는 것은 보건소 진료가 끝날 무렵 3~4세 정도의 아이를 데리고 급하게 찾아온 가족이었다. 아이는 계속 울고 있었고, 한쪽 팔을 축 늘어뜨린 채 전혀 움직이지 못하고 있었다.

자세히 살펴보니 주관절 탈구였다. 어린 아이들은 팔을 갑자기 잡아당기거나 넘어질 때 팔꿈치 관절이 쉽게 빠지는데, 이를 '주관절 탈구'라고 한다. 관절이 빠진 팔은 아프기도 하고 힘을 줄 수 없어 아무것도 잡을 수 없게 된다. 아이에게 "장난감 잡아 보렴" 하고 말해봐도 고개만 저을 뿐이었다.

나는 먼저 무서워하는 아이를 부드럽게 달래며 "괜찮다, 선생님이 아프지 않게 해줄게" 하고 말했다. 그리고 아이의 작은 팔을 조심스럽게 만지면서 특별한 수기법으로 빠진 관절을 맞추기 시작했다.

이윽고 '딱!' 하고 아이의 팔에서 관절이 제자리를 찾는 소리가 났다. 그 순간 아이는 울음을 뚝 그치고 눈물이 어린 눈으로 나를 신기한 듯 쳐다보더니, 조심스럽게 팔을 움직여 보였다. 그러더니 이번에는 자연스럽게 손을 뻗어 장난감을 움켜쥐었다. 아이 부모는 "어떻게 이렇게 간단히 나을 수가 있습니까!" 하며 놀라워했다.

정신없이 바빴던 전공의 4년을 마치고 전문의 자격을 획득한 후, 서울 구로구 개봉동의 강서병원 소아과 과장으로 1년간 봉직의로 근무하다 강동구 둔촌동에 '박상학소아과의원'을 개원하였다. 개인 의원을 열기로 결정한 것은 더 많은 환자들에게 지속적이고 개인화된 돌봄을 제공하고 싶다는 열망 때문이었다.

개원식 때 성락성결교회 담임목사이신 박태희 목사님께서 오셔서 진료실에서 개원 예배를 드리고 목사님께 기도를 받았다. 나와 아내의 손 위에 안수하시며 간절한 목소리로 "박상학 원장이 환자들을 만나는 모든 때에 주님의 치유 은혜가 함께 하시길, 환자들에게 회복의 기적이 임하여 박상학소아과의원이 주님의 영광을 나타내는 귀한 곳이 되게 해 주시옵소서."라고 기도하신 박태희 목사님의 모습을 선명하게 기억한다.

**개원 축복기도를 하시는 박태희 목사님**

그 기도는 내 의원의 사명 선언과도 같았다. 단순히 질병을 치료하는 곳이 아니라, 하나님의 치유의 손길이 흐르는 곳, 환자들이 육체적으로뿐만 아니라 정서적, 영적으로도 회복되는 곳이 되기를 소망했다. 그리고 그 기도는 지금까지도 내 의료 실천의 중심에 있다.

**현재 과천의 연세박상학의원**

둔촌동에서 2년여 간 진료하다 이전하였다. 1985년 과천에 '연세박상학의원'으로 이전 개원한 후 현재까지 진료하고 있다.

아이 엄마들이 "의사 선생님이 경험이 많아서 아이 상태를 잘 파악하신다."라고 하는 말을 들었다. 이런 말은 내게 큰 격려가 된다. 의사가 환자들에게 베푸는 작은 친절과 세심한 관찰, 그리고 전문적인 지식은 환자와 보호자가 의사에 대해 가지는 신뢰를 형성하기 때문이다.

앞으로도 아이들의 얼굴에 웃음 짓게 하는 '소아청소년과 할아버지 의사'로 남고 싶다. 내가 진료하는 모든 아이가 건강하게 성장하고, 그들의 부모가 안심하며 집으로 돌아갈 수 있도록 최선을 다하는 것, 그것이 하나님께서 내게 주신 소명이라고 믿는다.

"어린 아이들을 용납하고 내게 오는 것을 금하지 말라 천국이 이런 사람의 것이니라." (마태복음 19:14)

### 박상학소아과의원의 환자들

:

하나님의 치유 역사

 

 

나는 40여 년 넘게 소아청소년과 의사로 있으면서 수많은 환자들을 진료했다. 주님이 내게 주신, 아픈 환자의 치료를 돕는 달란트를 가지고 신생아부터 어른들까지 진찰하며 환자들이 미처 말하지 못한 질환까지 찾아내려고 노력해왔다. 그렇게 노력한 결과로 소중한 생명을 살리기도 했고, 또 한 곳(과천)에서 오래 진료하다 보니 뿌듯한 경험을 하기도 했다.

의사로서의 여정은 항상 순탄하지만은 않다. 때로는 밤새 고민해도 해결책을 찾지 못하는 사례들, 최선을 다했음에도 좋아지지 않는 환자들을 마주할 때 좌절감을 느끼기도 했다. 그러나 그럴 때마다 하나님께 지혜를 구하는 기도를 드렸고, 놀랍게도 그 기도는 종종 예상치 못한 방식으로 응답받았다.

내가 소아과 레지던트일 때 은사이신 윤덕진 교수님께서 이런 말씀을 하셨다.

"요새 젊은 의사들은 너무 검사 결과만 가지고 진단을 내리려는 경향이 있다. 검사도 필요하지만 먼저 환자를 전체적으로 보는 문진, 시진, 청진, 촉진을 해야 한다. 이 4가지가 제일 중요하다. 예전에는 그게 전부였다."

이 말씀은 내 의료 철학의 근간이 되었다. 첨단 의료기술과 정밀한 검사가 발달한 현대의학에서도, 환자를 직접 대면하고 오감을 통해 상태를 파악하는 기본적인 진찰 방법의 중요성은 변함이 없다. 특히 자신의 증상을 명확히 표현하기 어려운 어린 환자들에게는 더욱 그렇다.

소아과로 이끌어주신 윤덕진 교수님

물론 환자를 진료함에 있어 심장초음파, X선 사진, 심전도 등 진료 보조 수단과 제반 검사(소변검사, 혈액검사 등 검사실 소견)는 정확한 진단을 위해 필요하다. 그러나 이런 현대적 도구들은 근본적으로 의사의 진찰을 보조하는 수단이지, 그것을 대체할 수는 없다. 하지만 여러 검사가 쉽지 않은 소아청소년과 환자들을 볼 때는 먼저 의사가 환아를 직접 파악해야 한다. 그래서 나는 기본에 충실한 진료를 위해 문진, 시진, 청진, 촉진을 꼼꼼히 하려고 노력해 왔고 지금도 그렇게 하고 있다. 이러한 접근 방식은 예수님께서 환자들을 만지시고, 그들의 이야기를 들으시고, 그들을 전인적으로 치유하셨던 방식과도 일맥상통한다고 생각한다.

"예수께서 온 갈릴리에 두루 다니사 그들의 회당에서 가르치시며 천국 복음을 전파하시며 백성 중의 모든 병과 모든 약한 것을 고치시니." (마태복음 4:23)

내가 세브란스병원에서 레지던트를 하면서 기본에 충실한 진료의 중요성과 윤 교수님이 명의이신 것을 실감한 순간이 있었다. 당시 병원에 입원한 환아 중에는 진단이 제대로 되지 않는 경우가 꽤 있었다. 대학병원이니까 1차 의원에서 진단하기 어려운 여러 증상을 복합적으로 가진 환아들이 많았기 때문이다.

이런 복잡한 사례들은 의학적 지식뿐만 아니라 직관과 경험, 그리고 철저한 관찰을 필요로 했다. 그럴 때는 1주일에 한 번씩

PGR^Pediatric Grand Rounds이라 해서 소아과의 전체 교수님과 레지던트, 본과 4학년 임상실습 학생들이 전부 모여 감별진단이 필요한 증례에 대해 토의하는 시간이 있었다. 이 시간은 집단 지성을 통해 어려운 사례를 해결해 나가는 귀중한 배움의 장이었다.

그 PGR에 한 환자가 회부된 적이 있다. 당시 6세 남아로 체중이 늘지 않고 식욕도 부진하고 미열이 계속되고 소화도 안 되는 상태에서 점점 말라가는 아이가 입원했다. 여러 검사를 했지만 뚜렷한 진단이 붙지 않았다. 의학적으로는 정말 난해한 사례였고, 모든 의사들이 고민하고 있었다. 윤 교수님이 그 환아를 문진, 시진, 청진, 촉진으로 진찰하시고 배를 만져보시더니, "이거 장결핵이야. 아주 드물지는 않지만 진단이 쉽지 않은 거다. 장결핵에 대한 감별진단을 해보게."라고 진단을 내리셨다. 그쪽으로 제반 검사를 한 결과 교수님의 진단이 맞았다.

나는 그때 '역시 이게 교수님의 관록이구나. 이것이 소아과 의사가 추구해야 하는 길이구나.'라고 느꼈고, 이 경험이 내 진료의 기본 원칙이 되었다. 윤 교수님의 경우처럼, 단순히 의학 지식만을 습득하는 것이 아니라 환자를 향한 깊은 관심과 오랜 경험에서 오는 통찰력이 진정한 의사의 자질임을 깨달았다.

내가 과천으로 이전 개원한 이후인 1980년대 후반에 이 기본 원칙을 통해 환아의 생명을 구한 적이 있다. 이 경험은 내 의사 생활에서 가장 기억에 남는 순간 중 하나다.

생후 3주 된 한 신생아가 BCG 백신 예방접종을 맞으러 왔다.

그 당시 소아 환자가 많아서 한 아이를 자세히 볼 시간이 없었다. 더구나 이 환아는 별다른 증상도 호소하지 않았고 예방접종만 하러 온 상황이었다.

**젊은 소아과 전문의 시절의 모습**

하지만 나는 하나님께서 내게 주신 소명을 기억하며, 아무리 바쁜 상황에서도 모든 환자에게 최선의 진료를 제공하고자 노력했다. "그 아이는 내게 맡겨진 소중한 생명이다."라는 생각으로 진료에 임했다. 나는 환자가 예방접종만 맞으러 와도 기본에 충실하고자 반드시 청진을 한다. 기침하는 환자는 물론이고 다른 증상의 환아를 포함하여 모든 내원 환자의 몸에 청진기를 대고 심장 소리를 들어본다. 이는 단순한 의료 절차가 아니라, 환자를 전인적으로 돌보려는 나의 의료 철학이 반영된 것이다.

그 신생아를 청진했는데 미세하게 심장에서 잡음이 들렸다. 그래서 다시 세밀히 주의해 들었는데도 확실히 심잡음이 들렸다. 깜짝 놀라서 자세히 아이를 관찰(시진)했다. 우는 아기의 모습을 관찰하니 입술에 청색증이 살짝 보였다. 울 때 더 심해지는 상태였다. 심장에서 들리는 이 미세한 잡음과 청색증은 심각한 선천성 심장병의 징후일 수 있었다.

그 순간 나는 이 아이의 생명이 위험할 수 있다는 사실을 직감했다. 하나님께서 내 청진을 통해 이 작은 신호를 발견하게 해주셨다고 확신했다.

BCG 백신 접종을 마친 후, 나는 엄마에게 아이를 3차 병원에 데리고 가서 '선천성 심장병 검사'를 받아야 한다고 이야기했다. 아이 엄마가 깜짝 놀랐다. 심장 수술까지 생각해야 하는 상황이었기에 소아심장과 권위자인 서울아산병원 박인숙 교수를 소개하였고 그 병원에 연결 후 전원시켰다. 참고로 이후 박 교수는 울산대학교 의과대학 학장을 지낸 후 국회의원까지 역임했다.

며칠 후 아기 상황이 궁금해서 박 교수에게 전화했더니 내게 "어떻게 아기의 심장 이상을 진단했느냐?"며 물었다. 아기의 병명은 '전폐정맥 환류이상' total anomalous pulmonary venous return, TAPVR이었다. 이 질환은 폐에서 산소를 받은 혈액이 좌심방으로 제대로 되돌아오지 못하고 다른 곳으로 흐르는 심각한 선천성 심장 기형이다. 수술 시기를 놓치면 안 된다. 제때 수술을 받지 않으면 살지 못하는 병이다.

내가 보낸 그 아기도 입원해서 검사받는 도중 그만 심정지가 왔다고 했다. 그래서 응급소생술 후 곧바로 심장수술(개흉술)을 받아서 살 수 있었다. 하나님이 아기의 생명을 살리도록 나의 달란트를 사용하셔서 기적을 보여주신 것이다. 그 아기는 수술 후 완치되어 내 병원에 다시 왔다. 아기 엄마가 정말로 감사하다며 선물을 주었다.

"하나님이 우리 안에 거하시는 줄을 우리가 그의 성령으로 말미암아 아노라." (요한일서 3:24)

그 엄마의 진심 어린 감사 인사를 받으며, 나는 다시 한번 내 직업이 단순한 일이 아니라 하나님께서 맡기신 거룩한 소명임을 깨달았다. 한 생명을 구할 수 있었던 것은 내 능력이 아니라, 하나님의 인도하심과 은혜였다.

나는 이후로도 의료선교를 다니면서 청진으로 선천성 심장병 환아를 여러 명 발견하였다. 그리고 그 심장병 환아들을 한국으로 초청해 수술을 받게 했다. 내게 청진을 통해 심장병을 발견할 수 있게 하신 하나님께 감사할 뿐이다. 몽골, 캄보디아, 미얀마 등 여러 나라에서 의료선교를 하며 발견한 선천성 심장병 환아들이 한국에서 수술을 받고 건강하게 자라는 모습을 볼 때마다, 하나님의 치유 역사에 작은 도구로 쓰임 받을 수 있다는 사실에 깊은 감사를 느낀다. 이 아이들이 자국으로 돌아가 자신들의 경험을 나누고, 또 다른 이들에게 희망을 전하는 선순환이 이루어지는 것을 보는 것은 가장 큰 보람 중 하나다.

"이는 너희가 그 은혜를 인하여 믿음으로 말미암아 구원을 얻었나니 이것이 너희에게서 난 것이 아니요 하나님의 선물이라."
(에베소서 2:8)

또한 소아청소년과 의사만이 겪을 수 있는 보람이 있다. 고혈압으로 나에게 정기적으로 진료를 받는 60대 남성이 있다. 어느 날 그가 "선생님은 저희 어머니도 진료하셨고 제 주치의도 되시고, 또 제 딸과 손녀까지 봐 주시니 4대를 보시네요."라며 감탄하듯 이야기했다. 내가 1985년부터 40여 년간 계속 과천에서 진료해 왔더니 이렇게 4대를 걸쳐 진료하는 일도 생겼다.

한 가족의 건강을 4대에 걸쳐 돌볼 수 있다는 것은 의사로서 얻을 수 있는 가장 큰 특권 중 하나다. 그것은 단순히 오랜 세월 의사로 일했다는 것을 넘어, 그 가족이 내게 보여준 신뢰와 믿음의 증거이기도 했다.

그 이야기를 들으니 내가 소아과 전공의 시절 윤덕진 교수님께 들은 말씀이 생각났다. 윤 교수님은 "소아과 의사 생활을 오래 하다 보니까 3대를 보는 경우도 생기더라."고 하셨다. 나는 증조할머니부터 손녀까지 4대를 본 것이다. 증조할머니는 내게 진료를 받으셨고 고령으로 돌아가셨다.

이런 경험은 내게 의사로서의 보람뿐만 아니라, 삶의 연속성과 세대 간 연결에 대한 깊은 통찰을 주었다. 그리고 무엇보다 소아청소년과 의사로서 한 아이가 성장하여 부모가 되고, 또 그 자녀가 성장하는 과정을 지켜볼 수 있다는 것은 말로 표현할 수 없는 축복이다.

2023년 여름에 1주일간 단기 해외 의료선교 예정이 있었던 때 5세 아이가 예쁜 마음을 담은 그림을 그려서 가지고 왔다. 그 그림에는 내가 환자들을 치료하는 모습과 함께 "선생님, 몽골에서도 아픈 애들 많이 도와주세요."라는 글씨가 적혀 있었다.

인사성이 바르고 애굣덩어리인데 진료 중에 눈을 마주치면 싱긋 웃으며 윙크하는 귀염둥이였다. 내가 몽골로 봉사를 떠나기 1주일 전 가벼운 감기 증세로 진료를 받으러 왔다. 그때 아이가 슬며시 곱게 접은 도화지를 내밀었다. 아이 엄마가 몽골로 의료봉사를 가는 원장님께 드리는 편지라고 이야기해 주었다. 아이의 예쁘고 착한 마음에 감동하여 고맙다고 인사했다. 이 작은 그림은 내 의료선교 여정에 큰 힘이 되었고, 하나님의 사랑과 돌봄이 아이들의 순수한 마음을 통해서도 전해진다는 것을 다시 한번 깨닫게 해주었다.

이 그림을 몽골로 가져가서 내가 만난 현지 의료진들에게도 보여주었다. 그들은 한국의 어린아이가 몽골 아이들을 생각하는 마음에 감동받았고, 다같이 국경을 초월한 나눔과 사랑의 가치를 느낄 수 있었다. 그 작은 그림은 문화와 언어의 장벽을 넘어 모두의 마음을 따뜻하게 했다.

**의료선교를 응원하는 아이의 그림 편지**

　이 글을 마무리하던 최근의 일이다. 진료 종료를 20분 앞둔 금요일 오후 5시 40분경 한 엄마가 6세 아들을 데리고 진료를 받으러 왔다. 아이에게 아몬드 알레르기가 있어서 그동안 못 먹게 했는데 20분 전 유치원에서 아이가 아이스크림을 먹고 얼굴이 가렵다고 해서 내원한 것이다. 아이를 살펴보니 얼굴이 벌겋게 되어 있었고 귀 뒤와 가슴 곳곳에 두드러기가 생긴 상태였다. 숨소리가 그르렁거리며 호흡이 빨라지고 있었다. 청진을 하니 흡기성 협착음inspiratory stridor이 들렸고 진료를 하는 동안 점점 더 호흡이 가빠졌다. 이 협착음은 기도가 부어서 좁아지면서 공기가 잘 통하지 않을 때 생기는 소리로, 특히 아나필락시스[2]처럼 기도가 갑자기 붓는 상황에서 나타난다.

아나필락시스는 심한 알레르기 반응으로, 알레르기 항원(특정 음식물, 벌독, 약물 등)에 노출된 후 갑자기 발생하는 전신적인 알레르기 반응이다. 피부 증상(두드러기, 홍조), 호흡기 증상(기도 부종, 숨가쁨), 심혈관계 증상(저혈압, 실신) 등이 나타날 수 있으며, 즉각적인 치료가 필요한 초응급 상황이다.

사실 이런 상황은 매우 드물지만 언제든 일어날 수 있기 때문에 사용할 일이 거의 없더라도 만일에 대비해 응급처치용 약물을 늘 구비하고 있었다. 마침 새로 교체한지 얼마 안 된 에피네프린 주사액이 있어서 바로 따서 주사하였다. 다행히 주사 직후부터 호흡이 좋아지기 시작했고 5분 정도 지나자 완전히 정상으로 회복되었다. 나는 이 순간 하나님의 예비하심을 보았다. 그날 진료 마감 직전에 아이가 온 것, 마침 에피네프린을 새로 구비해 놓은 것, 모두가 하나님의 섭리였다.

"여호와의 인자하심이 생명보다 나으므로 내 입술이 주를 찬양할 것이라." (시편 63:3)

이렇게 아나필락시스 쇼크로 진행하기 직전에 외래 진료실에서 처치했던 것은 의사 생활 40여 년만에 처음이었는데 아이가 곧 회복되어 너무나도 감사했다. 그저 하나님께서 내게 주신 지

---

[2] 알레르기 반응이 심해져서 생명에 위협이 될 수 있는 급성 전신 반응

식과 경험을 통해 그 아이를 도울 수 있었음에 감사할 뿐이었다.

이 일이 있고 나서 과거의 기억이 떠올랐다. 1982년 소아과 전문의 자격을 취득한 후에 서울 구로구 개봉동 강서병원에서 소아과 과장으로 재직했을 때였다. 그때는 출산율이 높아서 신생아실이 아주 바빴다. 아침에 회진을 돌 때는 별 이상을 발견하지 못했는데 외래 환자를 보는 중에 갑자기 신생아실에서 급하게 콜이 왔다. 즉시 달려갔더니 한 신생아에게 심정지가 온 상태였다. 전공의 시절에 배운대로 긴 주삿바늘로 에피네프린을 심장 내에 직접 주사했다. 요즘은 이런 방법으로 주사하지 않는 편이지만 과거에는 심정지 시 이런 치료법도 있었다. 주사를 하고 흉부압박법으로 심폐소생술을 시행했지만 아기의 심장 박동은 돌아오지 않았고 청색증이 나타나기 시작했다.

그 순간, 나는 속으로 간절히 기도했다.

"하나님, 이 소중한 생명을 살려주소서."

한 번만 더 해보자는 심정으로 두 번째 심장 내 주사를 했더니 멈췄던 아기의 심장이 기적같이 뛰기 시작했다. 곧이어 호흡도 돌아왔고 정말 감사하게도 아기가 소생했다. 이때 가슴을 쓸어내렸던 순간과 다시 살아난 생명에 대한 감사한 기억은 지금도 잊혀지지 않는다.

그 아기의 상태를 다시 한번 확인하고 부모에게 자세히 설명했다. 다행히 아기는 며칠 후 퇴원해서 집으로 돌아갔다. 지금은 성인이 되어 건강하게 잘 생활하고 있으리라 믿는다. 이런 환자들을 돌본 경험이 소아청소년과 의사로서 보람을 느끼게 해준다. 주님이 주시는 치유의 은혜로 환자들이 회복될 때, 어린 아이들이 훌쩍 큰 모습으로 다시 찾아올 때, 성인이 되고 부모가 되어 아기를 데리고 예방접종이나 진료를 받으러 올 때 소아청소년과를 선택한 것이 무척 기쁘고 감사하다.

하나님이 허락하시는 그날까지 나는 청진기를 귀에 꽂고 성심을 다해 환자들을 진료할 것이다. 그것이 내게 주신 소명이요, 하나님의 사랑을 실천하는 방법이기 때문이다. 40여 년의 의사 생활을 돌아보며, 나는 내가 의사가 된 것이 하나님의 은혜임을 다시 한번 고백한다. 의사로서의 첫 발걸음을 내디딘 후, 내게 다가온 새로운 사명은 바로 의료선교였다.

"내가 이 길을 돌아보니 은혜로다, 내 모든 길에 보호하시고 인도하시니."

# ②
## 의료선교로의 부르심

## 의료선교의 의미

:

예수님의 손과 발이 되어




 나는 연세대학교가 미션스쿨(기독교학교)인지 모르고 입학했다. 사춘기 때 남을 도우며 살겠다고 결심하고 '의사'라는 진로를 정하게 되었지만 '의료선교'에 대해서는 잘 알지 못했다. 학교에 입학해서야 세브란스병원 건립을 위해 헌신한 에비슨 선교사와 거액의 기부금을 선한 목적을 위해 쾌척한 사업가 세브란스에 대해 알게 되었다.

 이들의 삶을 배우면서 내 마음속에는 깊은 감동이 일었다. 어느 날 대학 도서관에서 우연히 에비슨 선교사에 관한 기록을 읽게 되었는데, 그가 안락한 캐나다에서의 교수직을 버리고 낯선 땅 조선에 와서 병든 이들을 치료하며 의학교육에 헌신한 이야기는 내 영혼을 뒤흔들었다. '나도 이렇게 헌신적인 의사가 되고 싶다'는 소망이 내 안에 자라기 시작했다.

> "이같이 너희 빛이 사람 앞에 비치게 하여 그들로 너희 착한 행실을 보고 하늘에 계신 너희 아버지께 영광을 돌리게 하라." (마태복음 5:16)

이러한 선교 정신은 내 마음속에 깊이 자리 잡아, 의과대학 본과 3학년 때 무의촌 의료봉사(거제도)에 기꺼이 참여하게 되었다. 이곳에서 경험한 것은 단순한 봉사활동 이상의 의미를 가졌다. 의학적 지식과 기술을 통해 도움이 필요한 이들에게 실질적인 도움을 줄 수 있다는 것은 말로 표현할 수 없는 기쁨이었다.

그 후 예방의학교실에서 주선한 경기도 이천의 결핵역학조사단에도 간호대학, 치과대학 학생들과 함께 참여했다. 이런 봉사활동을 통해 의학이 단순히 질병을 치료하는 것을 넘어, 예방과 교육을 통해 지역사회 전체의 건강을 증진시키는 역할을 한다는 것을 깨달았다. 이러한 경험들은 후일 내가 의료선교사로서의 소명을 수행하는 데 중요한 밑거름이 되었다.

1974년 대학 졸업 후 군의관 시절을 거쳐 세브란스병원 소아과 전공의 2년 차 때 전북 임실군에서 지금의 공중보건의사와 같은 파견 생활을 했다. 의료시설이 부족한 시골에서 진료와 치료를 하면서, 의학적 지식과 기술을 통해 아파도 의사를 만나기 어려운 환경에 처한 사람들에게 도움을 줄 수 있다는 것이 얼마나 큰 축복인지 다시금 깨달았다.

　4년차 때는 강원도 평창으로 의대생, 간호대생들과 함께 지도 의사 자격으로 하기 진료봉사대에 참여하면서 의료봉사의 의미를 더욱 깊이 체험했다. 뜨거운 여름 햇살 아래, 우리는 마을회관이나 학교 교실을 임시 진료소로 개조하여 진료활동을 펼쳤다. 어른들은 농사일로 굳어진 거친 손으로 우리의 손을 꼭 잡고 감사의 말을 전했고, 아이들은 호기심 어린 눈으로 우리를 바라보았다. 그들의 순수한 감사에 오히려 내가 더 큰 축복을 받는 기분이었다.

　이런 봉사활동을 통해 나는 점차 '의료선교'라는 개념을 더 깊이 이해하게 되었다. 의료선교는 단순히 신체적 질병을 치료하는 것 이상의, 예수님의 사랑과 돌봄을 실천하는 행위였다. 예수님께서도 지상에서 사역하실 때 병든 자를 고치시고, 그들의 영적, 정서적 필요도 함께 돌보셨다. 나도 그분의 발자취를 따르고 싶었다.

　1982년 3월 소아과 전문의를 취득한 뒤 개원하면서 예배 드리던 성락성결교회(서울 성동구 성수동, 기독교 대한성결교단)에서 고등학교 20년 선배인 고 이장렬 장로님(내과 의사)의 권유로 교회에서 매월 둘째 주일에 나가던 국내 무의촌 의료봉사에 정기적으로 참여하게 되었다.

　이장렬 장로님은 단순히 직업적 동료가 아니라, 내게 의료선교의 참된 의미를 가르쳐준 영적 멘토였다. 그는 서울대 의대를 나오신 진료 경험이 풍부한 분이셨는데 자신의 성공과 안락함보다는 의료 서비스 이용이 어려운 시골 사람들을 돕는 일에 헌신하셨다. 1982년에는 성락성결교회에 의료선교부를 세우시고 같이 할 믿음의 동역자를 찾고 계셨다.

장로님의 권유도 있었지만, 사실 의료봉사는 내가 고등학교 때 의대에 가기로 결심했을 때부터 남에게 도움을 주는 것에 뜻을 두고 있던 터라 기쁜 마음으로 동참할 수 있었다. 내게 이것은 단순한 봉사활동이 아니라, 하나님께서 내게 허락하신 소명이었다. 그분의 인도하심으로 내가 의료선교단의 일원으로 합류하게 되었고, 이 장로님과 나는 의료선교 사역을 함께 수행하게 되었다.

이장렬 장로님과 함께 한 첫 번째 의료봉사 활동이 지금도 생생하게 기억난다. 그날 아침, 우리는 교회에서 간단한 아침 예배를 드린 후 의료장비를 차에 싣고 지방의 작은 마을로 향했다. 장로님은 차 안에서도 내내 우리가 방문할 지역과 그곳 사람들의 어려움에 대해 이야기해 주셨다. 그분의 말씀 속에는 지식뿐만 아니라 그들을 향한 깊은 사랑과 연민이 담겨 있었다.

매월 둘째 주일 날 우리 교회에서 1부 예배를 드린 후 의료, 이·미용 봉사팀이 모여 담임목사님의 기도를 받은 후 지방의 교회로 출발했다. 현지 교회에 도착 후 대개는 현지 교회 예배에 참석하고 점심 식사 후에 현지 주민을 위한 진료와 이·미용 봉사를 했다. 당시는 국내 의료보험이 시작된 지 얼마 안 되어 대기업처럼 큰 일부 직장만 시행되고 있었다. 그래서 지방은 대부분 의료보험 적용이 안 되어 병의원 진료 시 비용이 많이 들었다. 이로 인해 사람들이 병의원 방문을 꺼리게 되어 병을 키우는 경우가 많았다.

**의료봉사 중인 이장렬 장로님**

마치 오늘날 저개발 국가처럼 지방 교회로 의료봉사를 나가면 그곳 주민들로부터 환영을 받았고 남녀노소 할 것 없이 수백 명이 진료를 받으러 줄을 서서 기다렸다. 그들 중에는 어린 아이를 안고 새벽부터 줄을 섰다는 젊은 엄마도 있었고, 지팡이를 짚고 먼 길을 걸어온 노인도 있었다.

"내가 병들었을 때에 돌보았고." (마태복음 25:36)

의사의 손길을 기다리는 많은 사람을 보면서 힘들어도 주님께서 주신 달란트로 의술을 베풀 수 있음에 감사했다. 기독교는 하나님이 독생자이신 예수 그리스도를 세상에 보내셔서 우리의 영혼을 구원해 주신, 십자가 대속의 사랑과 은혜가 넘치는 종교가 아니던가. 의료의 혜택을 보지 못하는 사람들이 내가 배운 의술로 인해 나아질 수 있어서 참으로 감사했다.

**지방의 의료봉사 현장에서**

이렇게 매월 의료선교가 계속되었고 이들을 위하여 열과 성을 다하여 봉사하였다. 처음에는 소규모로 시작했지만, 횟수를 거듭할수록 규모가 커져서 치과의사도 참여하게 되었다. 치과기구 등 각종 의료장비가 속속 준비되었고, 점점 더 확장해 병원의 이동진료팀 같은 구색을 갖추게 되었다. 이·미용 봉사팀에 참여하는 미용사 집사님들의 인원도 늘어 20여 명으로 이루어진 의료, 이·미용 봉사팀으로 자리를 잡았다.

우리의 봉사는 단순한 의료행위를 넘어 온전한 복지 서비스를 제공하기 위해 확장되었다. 의사, 간호사들은 진료와 투약을, 미용사들은 머리카락을 손질해 주었고, 젊은 봉사자들은 아이들과 놀아주거나 노인들의 말벗이 되어 드렸다. 그것은 마치 작은 천국의 모습 같았다.

비가 오나 눈이 오나, 우리 팀은 매달 둘째 주일이면 어김없이 봉사활동을 이어갔다. 폭설과 같이 기상 상황이 너무 안 좋은 날에도 이장렬 장로님은 "우리를 기다리는 분들이 있습니다. 주님께서 길을 열어주시도록 기도합시다."라고 말씀하셨고, 우리는 모두 열심히 기도를 드렸다. 그리고 감사하게도 선교지까지 무사히 도착할 수 있었다. 이 경험을 통해 나는 하나님의 인도하심을 더욱 깊이 깨달을 수 있었다.

나는 1995년 3월 성락성결교회 장로로 임직하게 되었다. 나이도 젊고 의료선교 활동 외에 다른 교회 활동에 많이 참여한 편이 아니어서 전혀 생각을 못 하고 있었다. 그저 주님의 뜻을 받들어 아픈 사람들을 섬기겠다는 마음으로 의료선교부장으로 열심히 의료선교 사역만 해왔기 때문에 특별히 지위 같은 것에는 관심을 두지 않았다. 하지만 의료선교 활동에의 헌신과 우직함을 알아본 분들의 추천과 지지로 47세에 최연소 장로로 장립을 받게 되었다.

장로 장립식 날, 나는 떨리는 마음으로 하나님 앞에 무릎을 꿇었다. 그 순간 내 마음에 떠오른 것은 내가 처음 의료선교에 발을 들였을 때의 그 순수한 마음과 열정이었다. "하나님, 저를 주님의 도구로 사용해 주소서. 제가 배운 의술이 주님의 사랑을 전하는 도구가 되게 하소서."라고 기도했다.

1995년 3월 성락성결교회 장로 장립식(제일 왼쪽이 필자)

그 후로도 의료봉사는 매월 계속되었는데 한 번 갔던 곳을 1~2년 후 재방문해서 가보면 그 교회가 부흥되어 성도가 늘고 교회도 확장된 것을 확인할 수 있었다. 재방문한 교회 목사님은 "의료봉사 이후 마을 사람들이 '저 교회 사람들은 정말 다르다'

며 관심을 보이기 시작했습니다. 말로만 복음을 전한 것이 아니라 실제로 도움이 필요한 이들에게 손을 내밀었기 때문입니다."라고 말씀하셨다.

이러한 은혜의 현장을 볼 때마다 우리 의료선교팀이 그 지역 주민들에게 좋은 영향력을 주어 교회 부흥에 일조하였음을 실감하고 감사할 따름이다.

"말과 혀로만 사랑하지 말고 오직 행함과 진실함으로 하자." (요한일서 3:18)

## 해외 단기 의료봉사

:

국경을 넘은 사랑의 실천

해외 단기 의료봉사는 학생 때부터 해 온 의료봉사의 자연스러운 연장선이었다. 국내에서의 경험이 쌓이고, 의료선교에 대한 열정이 깊어질수록 나는 이 사랑과 봉사의 손길을 더 넓은 세계로 확장하고 싶었다. 하나님의 섭리는 놀랍게도 때가 되자 그 기회를 열어주셨다.

1991년, 나는 필리핀으로 첫 번째 해외 의료봉사를 떠나게 되었다. 갈릴리의료선교단Galilee Medical Missionary Fellowship, 이하 GMMF이란 단체에서 단장인 송용호 목사님으로부터 의뢰를 받았다. 송용호 목사님은 나의 고등학교 4년 후배로서 서울대 의대를 졸업한 의사인데, 전공의 수련 과정은 거치지 않고 신학대학을 나와서 목사 안수를 받고 목회를 하고 있었다. 그는 GMMF를 조직해 자원봉사단을 모집하여 단기 선교봉사를 하고 있었다.

필리핀으로 떠나기 전 나는 설렘과 두려움이 교차했다. 언어와 문화가 다른 이국땅에서 과연 내가 도움이 될 수 있을지, 현지 환경에서 제대로 의료활동을 할 수 있을지 걱정이 되었다. 그러나 성경 말씀은 내게 큰 용기를 주었다.

"두려워하지 말라 내가 너와 함께 함이라 놀라지 말라 나는 네 하나님이 됨이라 내가 너를 굳세게 하리라 참으로 너를 도와 주리라 참으로 나의 의로운 오른손으로 너를 붙들리라." (이사야 41:10)

필리핀으로의 첫 해외 의료선교에 아내인 곽영숙 간호사도 동행했다. 아내가 함께 해주니 큰 힘이 되었다. 우리는 함께 같은 비전을 공유하고, 서로 격려하며 현지에서의 어려움을 이겨낼 수 있었다. 우리 부부는 하나님이 우리에게 주신 의학적 지식과 경험을 통해 도움이 필요한 이들을 섬기는 특별한 사명을 함께 수행하고 있었다.

필리핀에서의 첫 의료봉사는 충격적이면서도 깊은 감동을 주는 경험이었다. 우리가 도착한 마을은 도심에서 멀리 떨어진 가난한 지역이었다. 사람들은 열악한 위생 상태 속에서 살고 있었고, 기본적인 의료 서비스를 받지 못하는 이들이 많았다. 그곳에서 우리는 임시 진료소를 설치하고 의료활동을 시작했다.

첫날, 해 뜨기 전부터 사람들이 진료를 받기 위해 줄을 서기 시작했다. 그 긴 줄을 보며 나는 그들의 절박함을 실감했다. 더운 날씨와 제한된 의료 장비 속에서도 우리는 최선을 다해 환자들을 돌보았다. 항생제, 진통소염제, 소화제 등의 기본적인 약품으로도 많은 질병을 치료할 수 있었다. 다행이라 여기면서도 참 안타깝기도 했다.

필리핀에서 나는 의학적 지식과 기술만으로는 충분하지 않다는 것을 깨달았다. 그들에게는 마음의 위로와 희망, 그리고 사랑이 함께 필요했다. 우리는 의료행위를 통해 그리스도의 사랑을 실천하고 있었던 것이다. 이것이 바로 의료선교의 본질이라는 깨달음이 내 마음에 깊이 새겨졌다.

1993년에는 GMMF의 주선으로 카자흐스탄으로 제2차 단기선교봉사를 다녀왔다. 구소련에서 독립한 지 얼마 되지 않은 이 나라는 의료 시스템이 붕괴 상태에 있었고, 많은 사람들이 기본적인 의료 서비스를 받지 못하고 있었다. 빛바랜 의료 장비와 부족한 약품들이 눈에 띄었고, 의사들은 열악한 환경에서도 최선을 다하고 있었지만 한계가 명확했다. 우리는 현지 교회와 협력하여 의료봉사를 진행했고, 그곳에서 만난 환자들의 감사와 사랑은 언어의 장벽을 넘어 서로 교감할 수 있게 해주었다. 서로 언어로 소통을 하지는 못했지만, 몸짓과 표정, 그리고 따뜻한 미소로 인사하고 화답했다. 놀랍게도 그것만으로도 충분했다. 말이 통하지 않아도 환자의 표정과 증상을 통해 고통을 이해할 수 있었고, 그들도 우리의 진심 어린 도움을 느낄 수 있었다.

"너희가 서로 사랑하면 이로써 모든 사람이 너희가 내 제자인 줄 알리라." (요한복음 13:35)

1995년에는 다시 GMMF를 통해 제3차 단기 의료선교를 나갔는데 그때도 곽영숙 간호사가 함께 했다. 이 시기에 나는 의료선교가 단순히 육체적 질병을 치료하는 것을 넘어, 영적, 정서적 돌봄도 함께 제공하는 전인적 사역임을 더욱 깊이 이해하게 되었다. 환자들과 대화하고 그들의 이야기를 들으면서, 그들에게는 약만큼이나 공감과 관심이 필요하다는 것을 알게 되었다. 우리는 진료 후에 시간을 내어 환자들과 함께 기도하고, 때로는 그들의 가정을 방문하여 생활환경을 개선하는 데도 도움을 주었다.

한 할머니는 무릎 관절염으로 오랫동안 고통받고 있었는데, 우리가 제공한 약으로 통증이 완화되자 할머니의 눈에서는 기쁨의 눈물이 흘렀다. 할머니는 우리의 손을 꼭 잡고 "여러분이 와주신 것은 하나님의 응답입니다. 매일 밤 도움을 구하며 기도했어요."라고 말씀하셨다. 그 순간 나는 내가 하나님의 사랑을 전하는 도구로 쓰임 받고 있다는 사실에 깊은 감사를 느꼈다.

1995년 장로 장립 이후, 나는 이제 교회 차원으로 해외 의료선교를 조직하고 이끌어야 할 책임감을 느꼈다. 이듬해부터 성락성결교회의 해외 단기 의료선교가 본격적으로 시작될 수 있도록 준비를 해나갔다. 나는 1996년에 의료선교부장으로서 성락교회 의료선교단을 이끌고 제1차 필리핀 해외 단기 의료선교를 다녀왔다. 이때부터 나를 비롯한 의사, 한의사, 치과의사, 간호사, 이·미용사, 그리고 어린이 사역팀, 이를 총괄하는 부감 집사 등 수십 명이 한 팀이 되어 필리핀, 태국, 인도네시아, 중국, 캄보디아 등 세계 각지로 해외 단기 의료선교를 나가고 있다. 우리 의료선교팀은 마치 작은 이동 병원과도 같다. 내과, 소아과, 외과, 치과 등 다양한 진료과목을 갖추고, 기본적인 검사와 치료가 가능한 장비와 약품도 준비되어 있다.

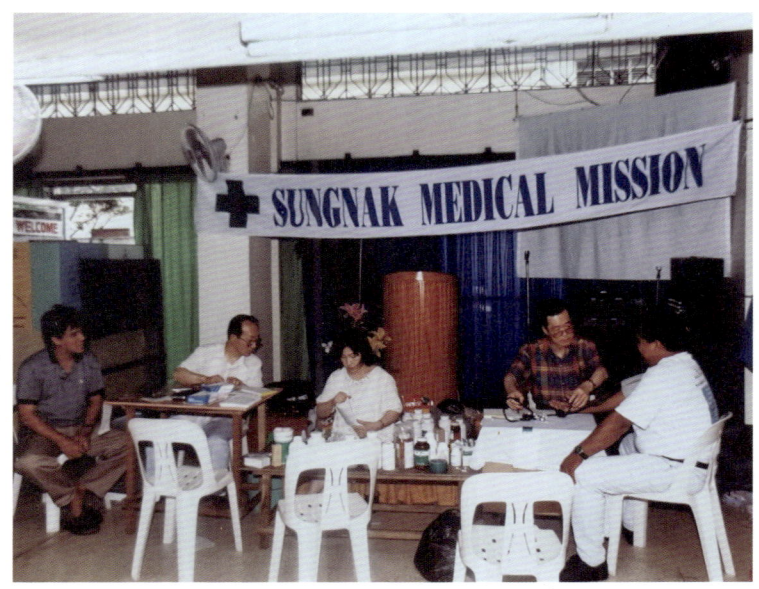

1996년 필리핀 단기 의료선교지에서(왼쪽에서 두 번째가 필자, 네 번째가 이장렬 장로님)

필리핀으로의 첫 번째 교회 의료선교는 매우 성공적이었다. 우리는 마닐라 외곽의 가난한 지역에서 의료봉사를 진행했고, 수백여 명의 환자를 진료했다. 현지 선교사님의 도움으로 마을 사람들에게 미리 공지가 되어있어 많은 사람들이 진료를 받기 위해 모였다. 특히 인상적이었던 것은 의료봉사를 통해 교회에 대한 지역 주민들의 인식이 크게 변화했다는 점이다. 이전에는 기독교를 생소하게 여기거나 심지어 경계했던 이들도, 의료봉사를 통해 교회가 실질적인 도움을 준다는 것을 경험하면서 마음의 문을 열기 시작했다. 이는 "행함이 없는 믿음은 그 자체가 죽은 것이라."(야고보서 2:17)라는 말씀이 실제 현장에서 어떻게 구현되는지를 보여주는 생생한 증거였다.

매년 각국의 선교사님들이 사역하는 나라로 의료, 이·미용 봉사팀을 이끌고 나가서 봉사하면 현지인들이 그동안 받지 못한 진료를 통해 교회에 감사하는 마음을 갖게 되며, 그 지역 선교사에게 마음을 열고 협조하게 된다. 그들은 단순히 종교적 메시지만 전하는 것이 아니라 실제로 자신들의 필요를 채워주는 교회와 선교사에게 신뢰를 갖게 되는 것이다. 또한 교회가 예수 믿으라는 말만 하지 않고 그들이 필요로 하는 것, 아픈 육신을 진료하며 돌보아 줌에 감사하게 된다. 실제로 이렇게 한 번 의료봉사를 갔다가 2~3년 후에 다시 갔을 때 그 교회가 부흥한 것을 목격하고 이 복음 전도에 우리 팀이 크게 쓰임 받았음을 보고 감사하게 된다. 이 과정이 단기 의료선교팀의 목적인 것이다.

"오직 성령이 너희에게 임하시면 너희가 권능을 받고 예루살렘과 온 유대와 사마리아와 땅 끝까지 이르러 내 증인이 되리라."

(사도행전 1:8)

세계 선교 역사를 보면 항상 이 의료팀 사역이 먼저고, 현지인과 지도자들에게 신임을 얻은 후 교회가 세워짐을 보게 된다. 이것은 예수님의 사역 방식과도 일맥상통한다. 예수님은 말씀을 전하시기도 했지만, 먼저 사람들의 필요를 채워주시고 병을 고쳐주셨다. 그렇게 그들의 마음을 열게 하신 후에 복음의 메시지를 전하셨다.

동남아, 중앙아시아 등 저개발 국가로 해외 의료봉사를 가면 그곳 주민들은 빈곤하여 우선 먹고 사는 문제에 전념하므로 몸이 아파도 병원에 갈 엄두를 못 내고 고생하는 것을 보게 된다. 그런 곳에 우리 팀이 가서 무료 진료할 때 제한을 두지 않으면 하루에 1천 명 넘게 사람이 몰리기도 한다.

그들 중 많은 이들은 밤새 걸어왔거나 이웃 마을에서 하룻밤을 보내고 아침 일찍부터 기다리고 있는 것이었다. 그들의 절박함을 보며, 우리는 예정된 시간을 훨씬 넘겨가며 최대한 많은 환자를 보려고 노력했다. 그럼에도 불구하고 모든 이들을 돌볼 수 없었던 현실에 가슴이 아팠다. 안타깝지만 시간 여건상 모든 사람을 봐줄 수 없기 때문에 번호표를 나눠주고 하루에 진료할 수 있는 인원으로 100~150명 정도를 진료하고 이·미용 봉사도 수십 명을 대상으로 봉사하게 된다.

일부 사회주의 국가(미얀마, 베트남, 몽골, 중국 등)들도 정부가 지역 주민들의 보건을 충분히 책임을 질 형편이 안 되므로 기독교 선교팀인 줄 알면서도 그냥 '자원봉사단'의 이름으로 인정하고 있는 것으로 보인다.

이런 경험들을 통해 나는 의료선교가 단순히 개인적인 신앙 실천이 아니라, 하나님 나라의 확장을 위한 중요한 도구임을 알게 되었다. 의료를 통해 열린 문은 복음의 진입로가 되고, 치유의 경험은 영적 회복의 계기가 된다. 그래서 우리의 의료선교는 단순히 일시적인 도움을 주는 것을 넘어, 그들의 영적 필요까지 채워주는 전인적 돌봄을 목표로 한다.

나는 2024년 9월에도 캄보디아로 제24차 의료선교를 다녀왔다. 나는 70세가 넘어 원로 장로로 은퇴하였지만 의료선교만큼은 주님의 축복과 은혜 가운데 현역으로 활동하고 싶은 소망이 있다. 세월이 흐를수록 몸은 조금씩 무거워지지만, 의료선교에 대한 열정만큼은 오히려 더 뜨거워지는 것 같다. 젊은 시절에는 그저 내가 가진 의술로 사람들을 돕고 싶다는 단순한 마음이었다면, 이제는 남은 생애를 통해 하나님의 사랑을 더 많은 이들에게 전하고 싶다는 깊은 소명으로 발전했다. 또한 이와 같은 해외 의료선교의 경험은 내 소아과 진료실에서도 환자 한 명 한 명에게 더 깊이 다가가게 하는 계기가 되었다.

## 세브란스병원 이야기

:

선교와 의료의 영향력


　어렵던 시절에 우리나라도 의료 혜택을 받지 못하는 사람들이 많았다. 의료선교의 역사를 통해 그것을 분명히 알 수 있다. 19세기 말 조선은 명성황후 민씨와 관련된 세력, 그리고 김홍집 등 온건개혁파(친청파)가 정국을 주도하고 있었다. 이에 대항하여 김옥균, 박영효 등 급진개혁파(개화당 일부)가 일본의 지원을 받아 1884년 안국동 우정국 개국식에서 무장봉기를 일으켰다(갑신정변, 1884년).

　당시 혼란스러웠던 조선 정국의 상황에서 어느 날 극적인 사건이 벌어졌다. 민영익이 칼에 맞아 깊은 자상을 입었는데 출혈이 심했다. 조선의 전통 의학으로는 치료가 어려운 상황이었다. 이때 독일인 고문 묄렌도르프가 닥터 알렌(공사관 의사)을 소개하여 27군데를 봉합하고 지혈하여 3개월 만에 회복되었다.

이 사건은 조선 왕실과 정치인들이 의학의 효과를 직접 목격하는 계기가 되었다. 민영익의 극적인 회복은 단순한 사건을 넘어 조선의 근대 의료 역사에 중요한 전환점이 되었다. 그 당시 세계를 보면 선교와 의료는 떼려야 뗄 수 없는 관계였다. 의료를 통해 사람들의 마음이 열리고, 그 열린 마음으로 복음을 받아들이게 되는 과정을 보게 된다.

그 후 알렌 선교사는 궁중 시의가 되었고 고종 황제의 신임을 얻어 서양식 병원 건립을 제의해 조선 정부로부터 부지를 얻어 광혜원을 개원하였다. 2주 후 제중원으로 개명하였고 알렌은 미국 북장로교 선교회에 병원 설립을 위한 도움을 요청하여 언더우드, 스크랜턴, 존 헤론 등이 입국하여 사역하였다. 또한 알렌의 초청으로 부인과 여의사 앨러즈가 입국하여 활동하였다.

1887년 알렌이 사임 후 미국으로 돌아갔고, 이어서 존 헤론이 제중원을 맡아 궁중 어의 직을 임명받았으나 3년 후 31세에 병사하여 양화진에 안장되었다. 짧은 시간이었지만 그의 헌신적인 봉사는 조선 사람들의 마음에 깊은 인상을 남겼다. 하나님은 이러한 선교사들의 희생을 통해 한국 땅에 복음의 씨앗을 뿌리셨고, 그것이 현대 한국 기독교의 초석이 되었다.

이어서 캐나다 토론토대학교 의과대학 교수였던 에비슨 선교사가 1893년 조선에 입국해 제중원 운영권을 미국 북장로교 선교부에 이관할 것을 제안, 조선 정부의 허락을 받았다. 에비슨은 안락한 고국의 교수직을 버리고 낯선 조선 땅에 와서 헌신했다. 그는 단순히 의사로서만이 아니라 그리스도의 사랑을 실천하는 선교사로서 사역했다.

에비슨은 콜레라와 이질 등 감염병의 치료와 예방에 크게 기여했다. 당시 콜레라가 창궐했을 때, 에비슨은 자신의 위험을 무릅쓰고 환자들을 치료했으며, 방역 지침도 세워 많은 생명을 구했다. 1899년 안식년을 맞아 캐나다와 미국을 방문하며 병원 건립을 위한 모금을 시작했다.

"주라 그리하면 너희에게 줄 것이니 곧 후히 되어 누르고 흔들어 넘치도록 하여 너희에게 안겨 주리라." (누가복음 6:38)

1900년 뉴욕에서 열린 만국선교대회에서 에비슨이 한 강연은 역사적인 순간이 되었다. 그는 조선의 어려운 의료 상황과 병원 건립의 필요성을 간절히 호소했다. 이 강연을 들은 스탠다드 오일의 루이스 세브란스가 감명을 받아 1만 달러를 기부함으로써 세브란스병원 설립의 계기가 되었다.

세브란스의 기부 행위는 단순한 경제적 지원을 넘어 그의 신앙과 가치관을 보여주는 중요한 증거였다. 당시 1만 달러는 현재 가치로 수백억 원에 해당하는 거액이었다. 세브란스는 자신의 부를 하나님의 영광과 인류의 발전을 위해 사용하고자 했고, 그의 이러한 신앙적 결단이 한국 의료 역사에 새로운 지평을 열었다.

세브란스는 1904년 병원 설립을 위해 총 45,000달러(현재 가치로 수백억~1천억 원 상당)를 여러 차례에 걸쳐 기부했다. 이 기부로 1908년 세브란스 의학전문학교가 설립되었고, 같은 해 김필순, 박서양, 김희영 등 7명의 의사가 첫 졸업생으로 배출되었다.

세브란스병원 입구에 세워진 세브란스의 흉상

세브란스의 유명한 말, "기부를 받는 당신의 기쁨보다 드리는 나의 기쁨이 더 크다."는 그의 숭고한 정신을 상징적으로 전한다. 이 말은 내게 깊은 감동을 주었다. 진정한 기쁨은 받는 것이 아니라 베푸는 데서 온다는 진리를 그는 이미 실천하고 있었던 것이다. 이것은 예수님의 가르침과도 정확히 일치한다.

"주는 것이 받는 것보다 복이 있다." (사도행전 20:35)

나는 의과대학 학생 시절, 세브란스의 정신을 본받아 의료선교에 헌신하고자 하는 마음을 품게 되었다. 한 인간의 선한 행위가 얼마나 큰 영향력을 미칠 수 있는지, 세브란스의 삶을 통해 배울 수 있었다.

세브란스의 기부는 지금껏 은혜롭게 계속 이어지고 있다. 이 사실을 알게 된 것도 놀라운 하나님의 섭리였다. 세브란스병원은 새 병원 건립 프로젝트를 추진하면서 당시 연세대학교 의무부총장 겸 의료원장인 이철 동문(의과대학 1973년 졸업)이 기부자 명단을 조사하던 중 미 북장로교 선교부 명의로 매년 들어온 기부액이 1955년 7천 달러를 시작으로 2000년까지 45년간 총 80만 달러에 달하는 것을 확인하였다.

이 익명의 기부자를 기획조정실 직원들을 동원해 추적한 결과 루이스 세브란스의 아들인 존 세브란스가 1935년 사망 시까지 124,500달러를 기부한 후 유언을 남겨 J. L. Severance 기금을 만들고 그 후 그 자손들, 루이스 세브란스의 2, 3, 4대 후손들이 기부에 참여하여 그 기금으로 80만 달러를 기부한 것을 알게 되었다.

이 이야기를 처음 들었을 때, 나는 전율을 느낄 정도로 감명을 받았다. 한 사람의 선한 결정이 세대를 넘어 계속 이어지고 있다는 사실이 놀라웠다. 이것은 신앙의 유산이 얼마나 중요한지를 보여주는 생생한 증거였다. 루이스 세브란스가 심은 씨앗은 그의 자손들을 통해 계속해서 풍성한 열매를 맺고 있었던 것이다.

이처럼 의료선교로 시작한 선한 사역이 크게 열매를 맺은 역사의 현장에서 교육받고 의사가 되었고 우리는 전쟁의 폐허에서 대한민국이 크게 발전해 80년도 안 된 세월에 세계 10대 경제대국으로 부흥, 발전하는 은혜를 입었다.

나는 의과대학 학생으로서 세브란스의 역사를 배우면서, 그 역사 속에서 하나님의 섭리와 인도하심을 볼 수 있었다. 에비슨 선교사와 세브란스의 헌신, 그리고 이를 통해 교육받은 선배 의사들의 헌신이 모여 오늘날의 한국 의료 발전을 이루었다는 사실에 가슴이 벅차올랐다.

나 역시 이러한 전통과 정신을 이어받아, 내가 받은 축복을 다른 이들에게 나누고자 하는 소명을 깊이 느꼈다. 이제 우리도 값없이 받은 이 은혜와 축복을 고통받고 있는 저개발 국가에 조금이라도 되돌려 주어, 우리의 과거처럼 그들이 일어설 수 있는 밑거름을 제공해야 하지 않나 생각한다.

"너희는 세상의 소금이니… 너희는 세상의 빛이라." (마태복음 5:13-14)

초기 선교사들이 그랬듯이, 오늘날 우리도 고통받는 이웃들에게 빛과 소금의 역할을 해야 한다. 이것이 진정한 기독교의 정신이며, 의료선교의 본질이다. 우리는 단순히 질병만 치료하는 것이 아니라, 예수 그리스도의 사랑을 실천함으로써 영혼까지 치유하는 전인적 선교를 추구해야 한다.

내가 의료선교 활동을 하며 만난 수많은 환자들의 얼굴이 떠오른다. 그들의 아픔과 고통, 그리고 치료 후의 기쁨과 감사… 이 모든 것이 내게는 소중한 경험이자 하나님께서 주신 특별한 선물이다. 그들을 통해 나는 예수님의 사랑을 더 깊이 이해하게 되었고, 내 신앙도 더욱 성장할 수 있었다.

주님의 베푸심을 여러 이웃나라에 실천하겠다는 사명을 받들어 이 해외 단기 의료선교가 계속되기를 바란다. 더불어 하나님이 부르시는 날까지 내가 이 사역에 동참할 수 있기를(순명) 늘 기도 드린다.

"우리가 선을 행하되 낙심하지 말지니 포기하지 아니하면 때가 이르매 거두리라." (갈라디아서 6:9)

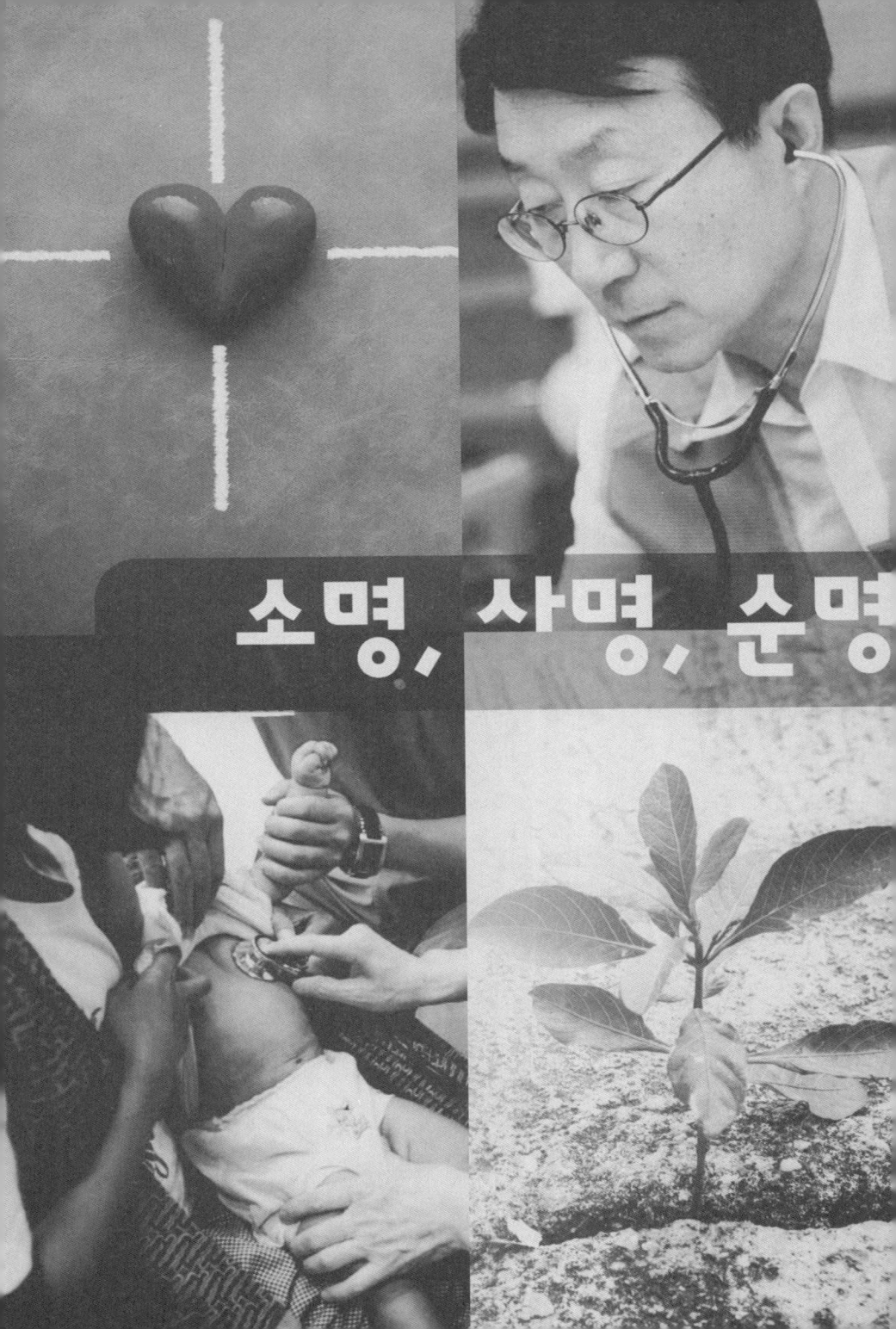

③
## 오지를 찾아가다

## 성락교회 의료선교단의 사역 연혁

- 제1차 : 1996년 2월 필리핀 마닐라 진료
- 제2차 : 1997년 2월 필리핀 마닐라 인근 진료
- 제3차 : 1998년 2월 필리핀 마닐라 인근 진료
- 제4차 : 1999년 필리핀 마닐라 따깃에 성락 지교회 헌당 설립
- 제5차 : 2000년 중국 조선족 진료(172명)
- 제6차 : 2001년 중국 연변 조선족 진료(르호봇교회 설립) 중국 어린이 2명 초청 수술 완치 귀국
- 제7차 : 2002년 필리핀 진료(1,364명)
- 제8차 : 2003년 8월 베트남 진료(1,412명)
- 제9차 : 2004년 8월 태국 진료(1,582명)
- 제10차 : 2005년 8월 몽골 심장병 어린이 1명 초청
- 제11차 : 2006년 8월 캄보디아 진료, 11월 심장병 어린이 초청 조선족 어린이 등 초청 수술 완치 귀국
- 제12차 : 2007년 9월 중국 조선족 진료(985명)
- 제13차 : 2009년 1월 필리핀 진료(2,225명)
- 제14차 : 2010년 9월 태국 진료(1,174명)
- 제15차 : 2011년 9월 인도네시아 진료(1,267명)
- 제16차 : 2012년 7월 몽골 진료(2,254명)
- 제17차 : 2014년 1월 방글라데시 진료(1,225명)
- 제18차 : 2015년 8월 인도네시아 진료(744명)

- 제19차 : 2016년 7월 몽골 진료
- 제20차 : 2017년 7월 태국 방콕 인근 진료
- 제21차 : 2018년 7월~8월 미얀마 진료
- 제22차 : 2019년 7월~8월 몽골 진료
- 제23차 : 2023년 7월~8월 몽골 진료
- 제24차 : 2024년 9월 캄보디아 진료
- 제25차 : 2025년 8월 필리핀 진료

## 카자흐스탄에 가다

:

### 유라시아 심장부에서의 치유사역

1993년 추석 연휴에 나는 GMMF의 주선으로 카자흐스탄으로 제2차 단기 해외 의료선교를 떠나게 되었다. 이미 1991년 필리핀에서의 의료봉사 경험이 있었지만, 유라시아 스텝 지대의 중심에 위치한 카자흐스탄은 내게 매우 낯설고 새로운 도전이었다. 이 광활한 내륙의 나라는 오랜 세월 동안 다양한 유목민족과 제국의 교차로 역할을 해왔으며, 15세기 중엽 케레이와 자니베크가 이끄는 카자흐 칸국이 성립되면서 오늘날 카자흐 민족의 정체성이 확립되었다. 19세기에 러시아 제국의 영향력이 확대되면서 점차 러시아의 식민지로 편입되었고, 1936년에는 카자흐 소비에트 사회주의 공화국으로 승격되어 소련의 일원이 되었다. 내가 방문한 1993년은 카자흐스탄이 소련 해체와 함께 1991년 독립을 선언한 직후였다. 이 시기 카자흐스탄은 시장경제로의 급격한 전환 과정에서 심각한 경제 혼란을 겪고 있었다. 국영기업 해체, 생산 기반 붕괴, 가격 자유화로 인한 초고인플레이션, 실업과 빈곤, 사회 불안이 만연했다. 그 결과 많은 사람들이 의료 서비스를 제대로 받지 못하는 상황이었고, 이것이 바로 우리의 의료선교가 절실히 필요했던 이유였다.

여행 자체도 쉽지 않았다. 당시에는 직항로가 없었기 때문에 김포공항에서 러시아 모스크바로 날아가 하룻밤을 묵고, 다음 날 모스크바에서 카자흐스탄 심켄트라는 도시로 국내선을 타고 거꾸로 날아가야 했다. 약 18시간의 비행과 대기 시간 동안, 나는 이 낯선 땅에서 어떤 환자들을 만나게 될지, 그들에게 어떤 도움을 줄 수 있을지 계속해서 생각했다.

심켄트에 도착한 우리 팀은 현지에서 사역하고 계신 서 선교사님의 안내로 그 지역에서 의료봉사를 시작했다. 이곳에서 만난 주민들 중 많은 이들이 고려인이었다. 고려인들은 19세기 구한말에 간도 지역에 살았던 한인들의 후손으로, 1937년 스탈린 정권의 명령으로 연해주 등지의 한인 약 17만 명이 중앙아시아로 강제 이주당한 아픈 역사를 가지고 있었다. 강제 이주 과정에서 많은 이들이 사망하거나 정착 과정에서 큰 고통을 겪었지만, 이후 고려인들은 주로 집단농장과 국영농장, 공장 등에 배치되어 벼농사 등 농업 발전에 크게 기여했다. 그들의 교육열은 매우 높아서 소련 내에서도 우수한 민족으로 평가받았으며, 1990년대 중반 조사에 따르면 고려인들의 고등교육 진학률은

52%, 대졸 이상 비율은 35%에 달했다고 한다.

그들과 만나면서 가장 인상적이었던 것은 그들의 언어였다. 고려인들은 대부분 억센 함경도 사투리를 쓰고 있어서 우리 의료선교팀과 의사소통에 어려움이 있었다. 기억에 남는 작은 에피소드가 있다. 온종일 우리 사역을 돕고 통역해 준 고려인 봉사자에게 "수고해 주셔서 감사합니다."라고 했더니 퉁명하게 들리는 목소리로 "일없수다."라고 대답했다. 순간 무슨 일이 없다는 뜻인지 의아했는데, 알고 보니 그것이 "괜찮습니다."라는 뜻의 인사였다. 시간이 멈춘 듯한 그들의 언어는 100년 전 우리 조상들의 말투를 그대로 보존하고 있었던 것이다.

카자흐스탄에서 의료봉사를 하면서 가장 놀랐던 것은 환자들이 본인의 차트(의무기록지)를 직접 가지고 온다는 점이었다. 그 차트를 살펴보니 심전도검사, 혈액검사 등의 자료들이 모두 갖추어져 있었고, 내용도 과학적이었다. 소련 연방의 높은 과학기술 수준에 놀라움을 감출 수 없었다. 더 놀라운 것은 환자들이 자신의 병명도 정확히 알고 있고, 어떤 약이 필요한지도 알고 있다는 점이었다. 환자들의 지식 수준이 상당히 높았다. 하지만 가장 큰 문제는 그들이 필요한 약을 구할 수 없다는 것이었다. 소련 붕괴 후 경제 혼란으로 인해 기본적인 의약품조차 제대로 공급되지 않는 상황이었다.

우리는 준비해 간 모든 약을 최대한 효율적으로 나누어 주려고 노력했다. 그러나 우리가 줄 수 있는 약은 며칠분밖에 되지 않았고, 나머지는 그들이 어떻게든 구해야 했다. 이런 상황이 정말 안타까웠다. 의학 지식은 있지만 약이 없어 고통받는 모습을 보며, 필요한 약을 쉽게 구할 수 있는 우리나라와 너무나도 비교가 되어 정말로 마음이 아팠다.

**카자흐스탄 의료선교 현장에서**

내가 의료선교를 간 1993년은 카자흐스탄이 소련 연방으로부터 독립한 지 얼마 되지 않아 러시아계 주민들이 카자흐스탄에 많았다. 내가 귀를 검사하자 처음에는 무서워하던 아이가 진료가 끝난 후에는 웃으며 내 손을 잡고 "스파시바(러시아어로 감사합니다)."라고 말했던 모습이 지금도 생생하다.

이번 의료선교에는 아내인 곽영숙 간호사도 참여하여 도왔는데 큰 힘이 되었다. 한 고려인 할머니는 아내의 손을 꼭 잡고 "우리 동포들이 와서 이렇게 도와주니 얼마나 고마운지 모른다."며 눈물을 보이셨다. 그 순간 우리는 혈연적으로도, 영적으로도 하나라는 느낌이 들었다.

당시 우리가 만난 카자흐스탄 사람들은 경제적 어려움 속에서도 강인한 의지와 희망을 잃지 않고 있었다. 특히 고려인들의 강인함과 성실함이 인상적이었다. 강제 이주의 아픔을 겪으면서도 그들은 새로운 환경에 적응하고 높은 교육과 근면함으로 존경받는 커뮤니티를 형성했다.

**의료선교에 함께 한 아내**

현재 카자흐스탄에는 약 10만 명의 고려인들이 살고 있다고 한다. 그들은 소련 해체 이후에도 카자흐스탄에 정착해 현지 사회에 적극적으로 참여하며, 한민족의 정체성과 언어, 문화를 일부 유지하면서도 카자흐스탄 국민으로서의 정체성도 함께 갖고 있다. 오늘날 고려인은 카자흐스탄 내에서 존경받는 소수민족으로, 한국과의 교류에 관심을 가지고 있다.

언젠가 하나님께서 허락하시는 기회가 된다면, 다시 카자흐스탄에 가서 우리 핏줄인 고려인들의 아픔을 치료하고 주님의 은혜와 사랑도 함께 나누고 싶다. 내가 경험한 카자흐스탄에서의 의료선교는 그저 질병을 치료하는 것과 더불어 역사의 아픔을 함께 나누고 치유하는 과정이었다. 그곳에서 만난 한 명 한 명의 얼굴과 그들의 이야기는 내 마음에 깊이 새겨져 있으며, 오늘날의 의료선교 활동에도 큰 영감이 되고 있다.

## 중국에 가다

:

생명을 살리는 믿음의 여정

2000년과 2001년, 나는 중국으로 조선족들을 위한 의료 선교를 떠나게 되었다. 중국은 약 3천 년 이상의 역사를 가진 세계에서 가장 오래된 문명 중 하나로, 상나라 시기부터 진, 한, 당, 송, 원, 명, 청 등 다양한 왕조가 흥망성쇠를 거듭했다. 1949년 중국 공산당이 국공내전에서 승리해 중화인민공화국이 건국되었고, 1978년 덩샤오핑의 개혁개방 정책 이후 급격한 경제성장을 이루며 세계화의 길을 걷고 있었다. 내가 방문한 2000년대 초반의 중국은 1992년 덩샤오핑의 남순강화 이후 본격적인 고도성장기에 접어든 시기였다. 홍콩과 동남아 화교자본, 그리고 서방자본의 유입이 확대되면서 수출, 투자, 생산 모두 급격히 증가하고 있었다. 그러나 이런 경제 성장 속에서도 많은 이들, 특히 소수민족들은 의료 혜택에서 소외되어 있었다.

2000년의 첫 의료선교에서 우리는 단 며칠 동안 300여 명이 넘는 환자를 진료했다. 이어진 2001년 의료선교에서는 중국 연변에 '르호봇 교회'가 설립되는 참으로 감사하고 은혜로운 시간도 함께했다. 이것은 의료선교가 단순한 육체의 치유를 넘어 영적인 열매로 이어지는 귀한 증거였다.

중국 연변 지역에서 우리가 주로 만난 조선족들은 19세기 중엽, 조선 북부의 기근과 재해로 인해 만주(간도) 지역으로 이주한 한인들의 후손이었다. 1860~1870년대에 이미 수만 명이 이주해 정착했고, 일제강점기를 거치며 그 수는 170만 명에 달했다. 중국 공산당은 이들을 소수민족으로 인정해 '조선족'이라는 명칭을 부여하고, 1952년 연변조선족자치주를 설립하는 등 민족자치권을 보장해주었다. 조선족 환자들은 대부분 위장관 증상이나 호흡기 증상을 호소하는 경우가 많았다. 아마도 식습관과 환경적 요인이 복합적으로 작용한 결과였을 것이다. 우리는 증상에 따라 약을 처방하고 필요한 주의사항을 알려주었다. 비록 같은 한국어를 사용했지만, 오랜 세월 동안 지리적으로 떨어져 살면서 생겨난 생경한 단어나 표현이 있어 정확하게 의미 전달이 되도록 특별히 신경을 썼다.

여기서 2001년 7월의 진료 중 내게 특별했던 두 명의 환아에 대해 이야기하고자 한다. 이 두 아이와의 만남은 나의 의료선교 여정에서 가장 감동적이고 의미 깊은 순간 중 하나였다. 첫 번째 환아는 생후 4개월 된 여아 윤애경 양이었다. 엄마가 아이를 데리고 왔을 때, 아이는 심한 황달로 얼굴이 거의 흑색에 가까웠다. 청진기를 대고 있는 배의 피부색이 일반적인 피부색과 확연히 달랐다. 주의 깊게 진찰해 본 결과, 이 아이는 '선천성 담도폐쇄증'을 앓고 있었다.

'담도폐쇄증'은 간 바깥에 위치하는 담관이 막혀 쓸개즙(담즙)이 배출되지 못하는 질환이다. 윤 양은 출생 직후부터 담관이 막혀 있는 선천성 질환을 앓고 있었던 것이다. 그 결과 담즙이 배출되지 못해 간을 손상시키고 심한 황달을 일으켰다. 이 질환은 적절한 치료를 받지 못하면 간경화로 진행되어 생명까지 위협할 수 있다.

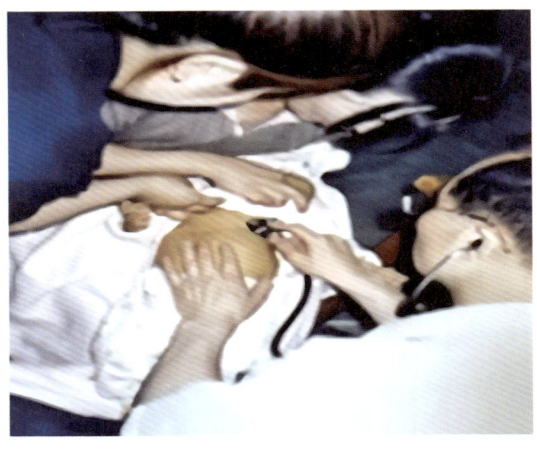

**황달이 심한 윤애경 양을 진료하는 모습**

다음 날 찾아온 아이는 10세 여아 김순녀 양이었다. 아이 엄마에게 증상을 묻자 아이 몸에서 고름이 나온다고 했다. 자세히 보니 아이의 우측 가슴에는 배액관이 꽂혀 있었고, 그 관을 통해 나오는 고름을 병 안에 받아내고 있었다. 나중에 알게 된 사실이지만, 이 아이는 결핵으로 인해 가슴에 고름집이 생겼으나 근본적인 원인을 제거하는 치료를 받지 못했다. 고름만 받아내고 그 병이 다 차면 다른 병으로 교체하는 일만 반복하며 2년이나 근근이 버티고 있었던 것이다. 그 작은 몸으로 얼마나 고통스러웠을지 생각하니 가슴이 아팠다.

이 두 아이들은 그대로 중국에 남겨둔다면 오래 살지 못할 것이 분명했다. 둘 다 생명이 위험한 상황이었다. 나는 현지 선교사님에게 이 아이들의 상태를 설명하고, 한국으로 데려와 수술할 방법을 알아보겠다고 약속한 후 귀국했다. 귀국 직후 나는 즉시 강남세브란스병원(당시 영동세브란스병원)에 두 아이의 상태를 문의했다. 전문의들의 자문 결과 예상대로 두 아이 모두 수술하지 않으면 생명을 유지할 수 없는 상태였다. 이제 문제는 아이들을 한국으로 데려오는 일이었다.

2001년 당시만 해도 중국, 특히 조선족들이 관광비자로 입국한 후 불법체류하는 경우가 많아 초청 절차가 간단하지 않았다. 환아와 보호자를 위한 비자 발급, 수술비 마련, 체류 기간 동안의 생활 지원 등 해결해야 할 문제가 산적해 있었다. 이 모든 어려움 앞에서 나는 하나님께 기도했다.

"주님, 이 아이들의 생명을 살릴 수 있는 길을 열어주소서. 주님의 인도하심을 따라 나아가겠습니다."

"아무 것도 염려하지 말고 다만 모든 일에 기도와 간구로, 너희 구할 것을 감사함으로 하나님께 아뢰라." (빌립보서 4:6)

어느 날, 고등학교 동기인 타 교회 L 장로가 우연히 내 진료실을 방문했다. 환담 중에 이 아이들의 이야기를 하자, 그가 자신이 관여하는 '동북아교육문화협력재단'을 통해 도움을 주겠다고 자청했다. 한국 비자를 얻기 위해서는 주중국 한국대사관에서 인정할 만한 보증인이 필요했는데, 그의 도움으로 그 문제를 해결할 수 있게 된 것이다. 다음 날, 그 재단 이사장으로부터 입국 보증 서류를 제공해 주겠다는 연락을 받았다. 내 교회인 성락성결교회에서는 입국 후의 병원 입원, 수술, 국내 체류처와 비용을 책임지기로 했다. 이렇게 필요한 서류를 주중국 한국대사관에 제출하여 마침내 비자가 발급되었다. 이것은 분명 '여호와 이레', 하나님께서 예비하신다는 그분의 약속이 실현되는 순간이었다. 내가 미처 생각지 못한 방법으로, 하나님께서는 이미 필요한 모든 것을 준비해 두셨던 것이다.

"여호와 이레라 하였으니 이는 오늘날까지도 사람들이 이르기를 여호와의 산에서 준비되리라 하느니라." (창세기 22:14)

두 아이는 각각 강남세브란스병원 외과와 흉부외과에 입원했다. 윤 양은 담즙 배출을 회복시키기 위한 카사이$^{Kasai}$ 수술을 받았다. 이 수술은 막힌 담도를 제거하고 소장을 직접 간문부에 연결함으로써 담즙이 배출될 수 있게 하는 방법이다. 다행히 수술은 성공적이었고, 600만 원 정도의 입원비를 지불하고 완치되어 중국으로 돌아갈 수 있었다.

그러나 김순녀 양의 경우는 더 복잡했다. 처음에는 폐농양으로 진단하고 우측 폐 절제술을 시행했으나, 수술 후 회복 과정에서 뜻밖의 문제가 발견되었다. 입으로 음료를 삼키면 그것이 우측 폐에 꽂아 놓은 흉관으로 새어 나오는 것이었다. 즉시 수술 집도팀에 알려 정밀검사를 한 결과, 기관지식도누공 bronchoesophageal fistula 이 발견되었다. 이는 기관지와 식도 사이에 비정상적인 연결 통로가 생긴 것으로, 추가 수술이 필요한 상태였다. 이에 어렵게 2차 수술을 통해 누공을 막고 식도를 다시 연결하여 수술을 마쳤다.

수술 당일 저녁, 김 양의 어머니로부터 기쁜 소식이 전해왔다. "더 이상 물을 마셔도 흉관으로 새지 않아요!" 나는 김 양이 완치되었음을 알고 무릎을 꿇고 하나님께 감사 기도를 드렸다.

생명은 감사하게도 살렸지만 이제 또 다른 고민이 생겼다. 두 차례의 복잡한 수술과 한 달이 넘는 입원 기간으로 김순녀 양의 병원비가 4천만 원이 넘게 되었다. 2001년 당시로는 정말 큰 금액이었다. 내가 고등학교 동창 신우회에 기도를 요청하여 500만 원을 모았고, 성락성결교회에서도 1,500만 원을 모금했다. 그러나 여전히 절반 이상이 부족했다. 나는 계속해서 하나님께 간절히 기도했다.

"주님, 이 귀한 생명을 살리는 일에 필요한 것을 채워주시리라 믿습니다. 이 일을 통해 주님의 이름이 높여지기를 원합니다."

그러던 중 하나님의 인도하심으로 기독교 방송국인 CTS와 연결되었다. CTS의 매주 금요일 정기 방송 '예수 사랑 여기에' 코너에 '순녀의 짧은 인생, 긴 이야기'라는 제목으로 생방송이 나가게 되었다.

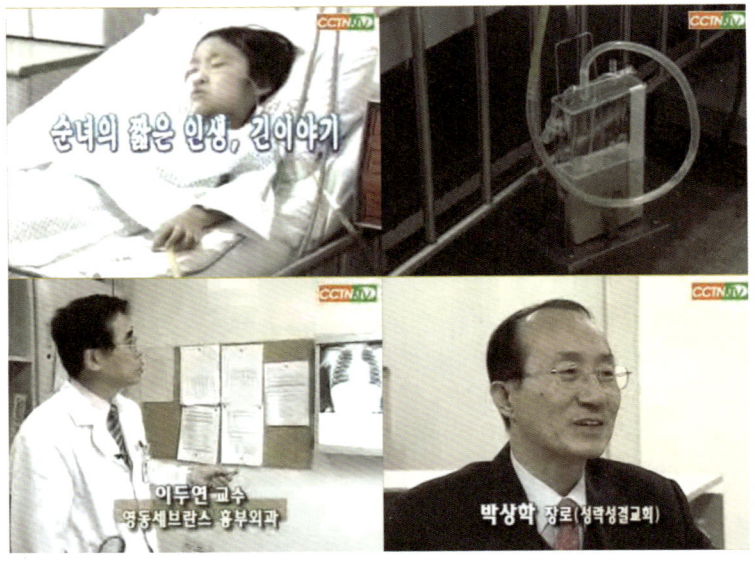

CTS 방송 '순녀의 짧은 인생, 긴 이야기'

강남세브란스병원 강당에서 진행된 생방송에서 나는 순녀의

사연과 치료 과정에 대해 이야기했다. "2차 수술을 하게 되었을 때 마취통증의학과에서는 산소 공급을 위해 남은 좌측 폐는 건드리지 말고 수술해야 한다고 하고, 흉부외과에서는 좌측으로 접근해야 한다고 하여 수술을 진행하지 못하고 있었습니다. 그때 정말 기도에 매달려야겠다는 생각이 들어 하나님의 능력이 역사하시기를 간절히 바라며 온종일 기도했습니다."

이 방송이 전국으로 나간 후, 기적처럼 5천 원부터 50만 원까지 전국 각지에서 성금이 모여들었다. 결국 부족했던 2천만 원이 모두 채워지게 되었다. 참으로 놀라운 하나님의 은혜였다. 내가 할 수 없는 일을 하나님께서 해주신 것이다.

> "사람이 마음으로 자기의 길을 계획할지라도 그의 걸음을 인도하시는 이는 여호와시니라." (잠언 16:9)

그 후 6년이 지난 2007년 9월, 내가 다시 중국으로 단기 의료선교를 갔을 때, 건강하게 성장한 김순녀 양과 그의 어머니가 나를 찾아왔다. 병상에서 고통스러워하던 작은 소녀가 이제는 훌쩍 자라 건강한 청소년이 되어 내 앞에 서 있었다. 그 순간의 감동과 기쁨은 말로 다 표현하기 어려운, 가슴 벅찬 것이었다.

그 순간 나는 소아청소년과 의사로서의 내 사명에 대해 다시 한번 깊이 생각하게 되었다. 의사의 직업은 하나님께서 주신 특별한 소명임을 느꼈다. 아픈 아이들을 치료하고, 그들의 생명을 구하는 것은 바로 하나님의 사랑을 실천하는 길이었다.

**수술 6년 뒤 건강하게 자란 김순녀 양(왼쪽에서 두 번째)**

　중국에서의 의료선교 경험은 내게 큰 배움과 깨달음을 주었다. 의술을 통해 그분의 사랑을 전할 때 진정한 의미가 있음을,

불가능해 보이는 상황에서도 하나님을 신뢰하고 기도할 때, 그분께서는 우리의 상상을 초월하는 방법으로 필요를 채워주신다는 사실을 체험했다.

"나의 하나님이 그리스도 예수 안에서 영광 가운데 그 풍성한 대로 너희 모든 쓸 것을 채우시리라." (빌립보서 4:19)

### 몽골에 가다

:

광활한 초원에서 피어난 치유의 기적

2005년 제10차 성락성결교회 의료선교를 통해 나는 처음으로 몽골 땅을 밟게 되었다. 칭기즈 칸의 후예들이 사는 이 나라는 약 5천 년에 걸친 유목민의 전통을 가진 곳으로, 13세기 초 칭기즈 칸이 여러 부족을 통합해 몽골 제국을 건설하며 세계사에 큰 족적을 남긴 역사적인 곳이었다. 몽골은 우리가 방문했던 2005년보다 약 15년 전인 1990년에 무혈 민주혁명을 통해 70년간의 사회주의 체제를 뒤로하고 민주주의와 시장경제로 전환한 상태였다. 이 급격한 체제 전환 직후에는 소련 붕괴로 인한 원조 중단과 무역 단절, 극심한 물자 부족과 실업, 인플레이션 등 심각한 경제적 위기를 겪었다. 1990~1991년에는 식량과 연료 등 생필품이 부족해 정부가 배급제를 실시할 정도로 경제난

이 심각했던 나라였다.

그러나 우리가 방문했을 때는 광업을 중심으로 경제가 서서히 회복되는 시기였다. 그럼에도 불구하고 아직 의료 시스템은 매우 열악했고, 특히 시골 지역의 아이들은 제대로 된 의료 혜택을 받기 어려운 상황이었다. 이런 배경 속에서 우리는 몽골에서 사역 중이신 황필남 선교사님과 연결되어 의료선교를 시작하게 되었다.

몽골의 진료소에서 소아 환자들을 진료하던 중, '무릉'이라는 이름의 7세 남아를 만나게 되었다. 몽골어로 '강$^{Murun}$'이란 뜻을 가진 이름의 이 소년은 첫 눈에 봐도 심각한 건강 문제를 가지고 있는 것이 분명했다. 입술과 손톱이 보라색을 띠고 있었고, 조금만 움직여도 쉽게 숨이 차 보였다. 세심하게 진찰해 본 결과, 이 아이는 팔로 네징후$^{\text{tetralogy of Fallot, TOF}}$을 앓고 있었다. 팔로 네징후는 심각한 청색증 선천성 심장병으로, 네 가지 심장 기형이 동시에 나타나는 복합적인 질환이다. 심장의 심실 사이에 구멍이 뚫려 우심실에서 좌심실로 피가 역류해 산소 부족으로 청색증이 나타나게 된다. 수술하지 않고 놔두면 청색증이 점점 심해지고 호흡곤란이 와서 열 살을 넘기기 어려운 치명적인 질환이다.

아이를 진찰하는 순간, 내 마음속에는 깊은 연민과 함께 이 아이를 도와야 한다는 강한 사명감이 일었다. 무릉의 부모님에게 아이의 상태를 설명하고, 한국에서 수술을 받을 수 있도록 도움을 주겠다고 약속했다. 그들의 눈에는 불안함과 동시에 희망의 빛이 어렸다. 귀국 후, 우리 교회에서는 무릉을 한국으로 초청하기 위한 준비를 시작했다. 비자 발급부터 항공권, 병원 예약, 체류 경비 등 모든 것을 교회에서 지원하기로 했다. 그리고 서울아산병원 흉부외과 서동만 교수님께 아이의 개흉수술을 의뢰했다.

마침내 무릉이 부모님과 함께 한국에 도착했고, 입원과 검사를 거쳐 1차 수술이 진행되었다. 첫 수술은 심실 사이의 구멍을 막는 심실중격 수술이었다. 이런 경우 보통은 1차 수술 후 1년 내지 수년 후에 2차 수술을 하는 과정을 거치게 된다. 수술이 성공적으로 끝난 뒤, 국내로 잠시 들어와 계신 황필남 선교사님이 아이를 방문하신 후 나에게 전화를 주셨다. 선교사님의 목소리에는 기쁨과 감격이 가득했다. "박 장로님, 무릉이가 '우유에 목욕하고 나온 아이'처럼 뽀얗습니다!" 심실중격을 막는 수술로 청색증이 사라지자 아이 특유의 건강한 혈색이 돌아온 것이다. 그 말씀을 들으며 나도 가슴 벅찬 감동을 느꼈다.

통상적으로는 1차 수술 후 퇴원해 몽골로 돌아가서, 수년이 지난 뒤 아이가 더 자란 후에 완전교정수술을 하는 것이 일반적인 과정이다. 그러나 서동만 교수님은 무릉이 몽골로 돌아간 뒤의 상황을 걱정하셨다. 아이가 몽골로 귀국하면 다시 한국으로 초청해 수술하기가 쉽지 않을 것이고, 몽골의 열악한 의료 환경에서는 적절한 추적 검사가 어려울 수 있으며, 위생 환경이 좋지 않아 폐렴 등에 걸리면 상태가 급격히 악화될 수 있다는 우려 때문이었다. 교수님은 1주일간 아이의 상태를 지켜본 후 2차 완전교정수술 여부를 결정하기로 하셨고, 결국 1차 수술 후 얼마 지나지 않아 2차 수술까지 성공적으로 마치게 되었다. 서울아산병원에서 2차 수술까지 진행하게 되면 비용이 상당했지만, 교수님은 아이의 생명과 건강을 최우선으로 생각하셨다. 이렇게 두 차례의 어려운 심장 수술을 통해 무릉은 완전히 건강을 되찾고 몽골로 돌아갈 수 있게 되었다.

이 일을 계기로 서동만 교수님과 인연이 맺어졌다. 이후 교수님은 서울아산병원에서 건국대학교병원, 이대목동병원, 이대서울병원으로 근무처를 옮기셨지만, 우리 교회와 비정부기구 nongovernmental organization, NGO인 사단법인 글로벌사랑나눔에서 초청한 각국 아이들의 선천성 심장병 수술을 수차례 더 집도해 주셨다. 서 교수님의 헌신과 의료 기술은 정말 하나님께서 우리에게 보내주신 큰 선물이었다.

특히 기억에 남는 사례 중 하나는 2021년 이대서울병원에서 이루어진 수술이다. 코로나19 팬데믹으로 국제 교류가 어려워진 시기였지만, (사)글로벌사랑나눔이 몽골에서 9개월 된 남아 에르켐세힌 군을 초청했다. 이 아기는 심실중격결손증과 폐동맥판협착증이 동반된 선천성 심장병을 앓고 있었다.

코로나19로 인한 어려운 상황에서도 서동만 교수님은 에르켐세힌 군의 심장 수술을 성공적으로 집도하셨고, 아기는 건강을 회복하여 몽골로 돌아갈 수 있었다. 수술 후 나도 아이의 경과를 보러 병원을 방문했고, 또 한 생명을 살리신 하나님께 감사 기도를 드렸다. 그리고 수술을 집도한 서동만 교수님의 노고에 다시 한번 경의와 감사를 표했다.

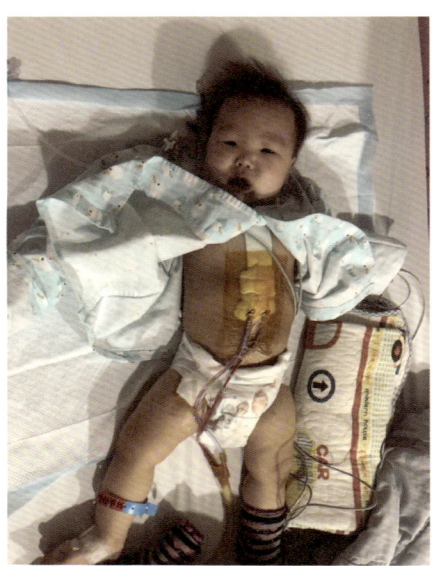

**수술 직후의 에르켐세힌 군**

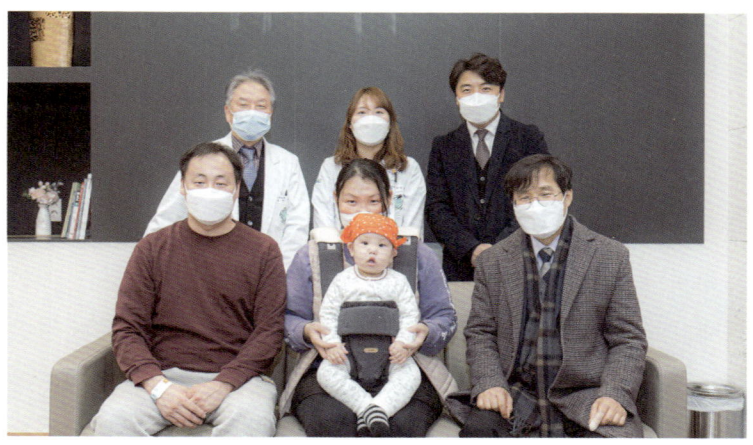

에르켐세힌 군의 퇴원 기념촬영(사진 앞줄 왼쪽 첫 번째, 두 번째가 아이 부모, 뒷줄 왼쪽 첫 번째, 두 번째가 흉부외과 서동만 교수, 소아청소년과 김이슬 교수, 그리고 글로벌사랑나눔 관계자들)

몽골에서 만난 선천성 심장병 환아 무릉이와 에르켐세힌은 한국에서 수술을 받고 건강을 회복했다. 이 과정에서, 의료선교는 치료 후에도 지속적인 후원과 관리가 필요하다는 사실을 절감하게 되었다. 몽골에서의 의료선교는 해를 거듭할수록 더 큰 열매를 맺었다. 우리 교회를 통해 심장 수술을 받은 몽골 아이들은 20명이 넘었고, 그들과 가족들이 우리 의료선교팀을 잊지 않고 지내고 있다는 사실이 가장 큰 보람이었다.

그 후 몽골에 갈 때마다 우리 교회를 통해 심장 수술을 받은 환아들과 그 가족들이 우리를 초청하여 넓은 목초지인 테를지에서 현지 특식인 양고기 파티를 열어주며 감사함을 표했다. 환아들의 부모님들은 우리에게 깊은 감사의 마음을 전했고, 한 분 한 분씩 나와서 인사할 때 "이 교회 의료선교팀을 만나지 못했으면 이 아이는 벌써 하늘나라로 갔을 것입니다."라며 목이 메어 말을 잇지 못하는 경우가 많았다.

그런 모습을 볼 때마다 우리는 그저 하나님께서 주신 달란트를 활용하여 심부름만 했을 뿐인데, 이렇게 감사하는 모습에 오히려 더 깊은 감동을 받곤 했다. 또한 우리는 그 자리에서 살아계신 하나님의 역사하심과 인도하심을 생생하게 체험할 수 있었다.

의료선교를 통해 우리는 단순히 아이들의 신체적 질병만 치유하는 것이 아니라, 그 가족들에게 하나님의 사랑과 복음도 함께 전하고 있다. 치유받은 아이들이 자라나 건강한 몽골 사회의 일원이 되고, 또 다른 이들을 돕는 선한 영향력을 행사하게 된다면, 우리의 작은 섬김은 더 큰 의미를 가질 것이다.

앞으로도 우리 의료선교팀은 광활한 몽골의 초원에 하나님의 사랑과 치유의 손길을 전하고자 한다. 그것이 하나님께서 우리에게 허락하신 소명이며, 우리가 받은 달란트를 통해 그분의 영광을 드러내는 길이라 믿기 때문이다.

## 필리핀에 가다

:

### 태평양의 섬나라에서 전하는 치유와 희망

나는 1991년 GMMF를 통해 처음으로 필리핀에 의료봉사를 다녀온 이래, 1996년부터 우리 교회 의료선교팀과 함께 여러 차례 필리핀으로 의료선교를 다녀왔다. 필리핀은 아름다운 섬나라로 오랜 역사를 가진 곳이다. 약 67,000년 전부터 인류가 거주했던 것으로 추정되며, 16세기 초 마젤란이 도착한 이후 스페인의 식민 지배(1565~1898)를 거쳐 미국의 식민지가 되었고, 1942~1945년의 일본 점령기를 지나 1946년에야 미국으로부터 완전한 독립을 이루었다.

그중에서도 힘들었지만 감동적이었던 2009년 필리핀 의료선교 이야기를 나누고자 한다. 2009년 1월 25일부터 2월 1일까지 필리핀의 쿠팡교회, 성결대학, 빠타야스교회, 따깃교회, 몬

타누파교회를 방문하며 수천 명의 많은 환자를 진료하고 돌보는 시간을 가졌다. 당시 필리핀은 정치적 변화와 경제적 도전 속에서 여전히 많은 국민이 기본적인 의료 혜택을 받지 못하고 있는 상황이었다.

추운 겨울 한국을 떠나 필리핀에 도착하니 갑자기 푹푹 찌는 열기가 우리를 맞이했다. 마치 한증막에 들어가는 것 같은 후덥지근한 공기는 우리가 완전히 다른 세계에 발을 들였음을 실감하게 했다. 공항에서 나오자 현지 선교사님이 환한 미소로 우리를 맞이했고, 낯선 땅에서 느낄 수 있는 불안감은 금세 설렘으로 바뀌었다.

우리 의료선교팀이 방문한 지역의 아이들은 대부분 경제적 어려움으로 인해 소아청소년과 진료를 받아본 적이 거의 없었다. 더 심각한 것은 기본적인 예방접종조차 받지 못한 아이들이 많아, 감염병에 걸리면 생명을 잃는 경우가 비일비재했다. 이런 현실을 마주하면서 우리의 사명감은 더욱 커졌다.

각 교회에 무료진료 현수막이 걸리자마자 많은 사람들이 길게 줄을 서기 시작했다. 그 모습을 보며 필리핀 국민들이 얼마나 의료 서비스에 목말라 하는지 실감할 수 있었다. 어쩔 수 없이 우리는 하루에 진료할 수 있는 환자 수를 제한할 수밖에 없었다. 번호표를 나눠주어 약 200명 정도로 제한했지만, 만약 제한이 없었다면 하루에 1,000명 이상이 몰려들었을 것이다. 일주일이라는 짧은 기간 동안 2,200명이 넘는 환자를 진료했지만, 그럼에도 진료를 받지 못하고 돌아가는 수많은 사람들을 보며 가슴이 아팠다.

그 상황에서 내가 할 수 있는 것은 다시 돌아올 기회를 달라고 하나님께 간절히 기도하는 것뿐이었다.

"주님, 이들의 아픔을 외면하지 마시고, 우리가 다시 와서 더 많은 이들을 도울 수 있는 기회를 주시옵소서."

필리핀의 아이들은 열악한 영양상태와 위생상태에도 불구하고 참으로 예뻤다. 맑은 눈동자와 해맑은 웃음은 어떤 어려움 속에서도 희망을 잃지 않는 순수함을 보여주었다. 그런데 때로는 예상치 못한 상황에 놀라기도 했다. 한번은 15~16세쯤 되어 보이는 소녀가 아이를 안고 와서 진료를 요청했다. 나는 무심코 동생이냐고 물었는데, 그녀는 자신의 딸이라고 대답했다. 그 순간 내 가슴이 먹먹해졌다. 아직 어린 소녀가 벌써 엄마가 되어 아이를 키우는 현실, 그것이 필리핀의 또 다른 모습이었다.

열대지방인 필리핀은 기생충 감염률이 매우 높았다. 아이들이 대부분 맨발로 다니고 위생 상태가 좋지 않아 기생충에 감염되기 쉬웠다. 한국에서는 이제 기생충 감염 사례를 찾아보기 어렵지만, 필리핀에서는 여전히 심각한 건강 문제였다. 그래서 준비해 간 기생충 약을 팀원들이 직접 아이들에게 먹였다. 집으로 약을 가져가면 제대로 복용하지 않을 수도 있다는 우려 때문이었다.

**의료선교팀이 아이들에게 기생충 약을 먹이고 있다.**

아이들은 약을 받아먹으며 신기한 듯 우리를 바라보았고, 우리는 그 작은 눈동자 속에서 희망의 빛을 보았다. 약을 먹은 후 아이들은 "살라맛 뽀(감사합니다)"라고 작은 목소리로 말하며 해맑게 웃었다. 그 미소가 우리의 피로를 녹여버렸다.

필리핀에서 여러 교회를 거치며 진료를 이어가던 중, 우리는 너무나도 반가운 얼굴을 만나게 되었다. 2007년 5월, 필리핀 성락성결교회 전도사님으로부터 의뢰를 받아 두 명의 아이들을 만났었다. 짐멜(당시 7세 남아)과 안젤라(당시 4세 여아), 이 두 아이는 필리핀 현지 교회 목사님의 자녀로 선천성 심장병을 앓고 있었다. 필리핀의 의료 수준과 경제적 어려움으로 인해 그들은 필요한 수술을 받지 못한 채 고통 속에서 지내고 있었다.

두 아이를 처음 봤을 때의 기억이 선명하다. 청색증으로 피부가 푸르스름했고, 조금만 움직여도 숨이 차 보였다. 그 모습을 보며 나는 정말 간절히 기도했다. "하나님, 이 아이들을 도와주세요. 그들이 건강하게 자랄 수 있는 기회를 주세요."

그 후 우리는 두 아이를 세브란스병원으로 초청하여 심장 수술을 받게 했다. 우리 교회에서 1년에 세 번씩 진행하는 '꿈이룸 새벽기도회'에서 모은 헌금이 수술비로 귀하게 쓰였다.

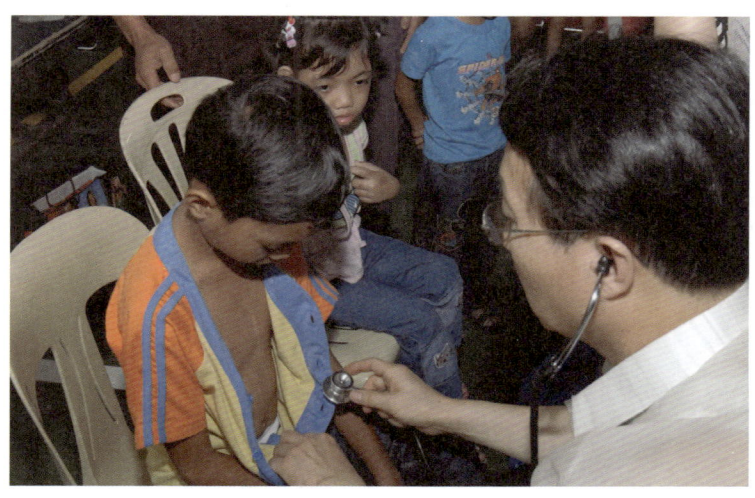

짐멜(왼쪽)과 동생 안젤라(오른쪽)

온 교인이 2끼 이상 금식하며 드린 사랑나눔 헌금이 생명을 살리는 귀한 씨앗이 된 것이다. 두 아이는 수술을 잘 마치고 회복하여 필리핀으로 돌아갔는데, 이번 의료선교 중 따깃교회에서 그들을 다시 만나게 된 것이다. 치유의 축복을 받은 아이들의 모습은 완전히 달라져 있었다. 아이의 가슴에는 수술 자국이 남아 있었지만, 예전에 보였던 청색증은 완전히 사라진 상태였다. 건강한 혈색이 돌아온 아이들의 얼굴에는 기쁨과 생기가 넘쳤다. 청진을 해보니 심잡음도 전혀 들리지 않았다.

이 만남은 내게 큰 감동을 주었다. 청색증성 선천성 심장병은 수술하지 않으면 대개 10세를 넘기기 어려운 치명적인 질환이다. 그런데 이제 이 아이들은 건강하게 자라나 긴 인생을 살아갈 수 있게 되었다. 소아청소년과 의사로서 이러한 생명을 살리는 일에 쓰임 받을 수 있고, 건강하게 성장한 모습을 직접 볼 수 있게 하신 하나님의 은혜에 무한한 감사가 넘쳤다.

따깃교회는 성락성결교회에서 필리핀 따깃 지역에 세운 지교회였기에, 의료선교 때 성락성결교회 담임목사이신 지형은 목사님도 방문하셨다. 목사님은 심장 수술을 받고 건강을 되찾은 짐멜과 안젤라, 그리고 그들의 아버지를 만나셨다. 그 자리에서 아이들의 아버지는 눈물을 글썽이며 감사의 말을 전했다.

"한국의 교회와 의료진이 보내준 사랑이 아니었다면, 우리 아이들은 이미 이 세상에 없었을 것입니다. 여러분은 우리에게 생명의 선물을 주셨습니다. 이것은 하나님의 사랑과 은혜를 직접 보여주신 것입니다."

따깃교회에서 의료선교팀(앞열 가운데 줄무늬 상의가 지형은 담임목사님, 그 왼쪽이 치과의사 이석우 장로님, 오른쪽이 필자)

우리는 하나님의 인도하심에 따라 우리의 달란트로 의학적인 도움을 제공해 주었고, 그것이 이 가족에게는 생명과 희망, 그리고 하나님의 사랑을 증거하는 간증이 되었다.

성락성결교회는 2004년부터 매년 세 차례 '꿈이룸 새벽기도회'(꿈새)를 개최해왔다. 기도회가 열리는 1주일 동안 전 교인이 2끼 이상 금식하며 사랑나눔 헌금을 모았다.

처음에는 이 헌금으로 국내외 선천성 심장병 환자 서너 명의 수술을 지원했지만, 점차 이 은혜로운 사업을 확대하고자 하는 비전이 생겼다. 그 결과 2019년 6월에는 '(사)글로벌사랑나눔'을 설립하게 되었다. 성락성결교회와 (사)글로벌사랑나눔은 생명을 살리는 사명을 위해 경제적으로 어렵거나 의료 여건이 열악한 나라의 환자들을 한국으로 초청했다. 세브란스병원, 건국대학교병원, 서울아산병원, 삼성서울병원, 이대목동병원, 이대서울병원, 부천세종병원 등 국내 의료기관에서 수술을 받게 하고 완치 후 귀국할 수 있도록 도왔다.

처음에는 심장병 환자에게 국한되었던 이 사역은 점차 확대되어 다양한 희귀난치성 질환 환자들까지 돕게 되었다. 2025년 현재까지 (사)글로벌사랑나눔이 주관하여 국내외 85명의 귀한 생명을 구할 수 있었다. 이 숫자는 단순한 통계가 아니라, 85개의 가정이 새로운 희망과 기쁨을 얻었음을 의미한다. 우리의 작은 헌신이 모여 놀라운 성과를 만들어 낸 것이다.

의학적 지식과 기술이 하나님의 사랑과 결합될 때, 그것은 단순한 치료를 넘어 한 영혼, 한 가정의 삶 전체를 변화시킬 수 있다. 또한 우리가 가진 작은 것들을 나눌 때, 하나님은 그것을 통해 놀라운 기적을 이루신다. 남은 삶의 시간 동안 나는 하나님께서 허락하시는 한, 필리핀을 비롯한 세계 곳곳의 의료 혜택을 받지 못하는 이들에게 치유와 희망을 전하는 사역을 계속하고 싶다. 내가 의사로서, 그리고 하나님의 자녀로서 주신 소명을 기쁜 마음으로 이어나가고 싶다.

## 태국에 가다

:

### 열대의 미소 국가에서 펼친 치유의 손길

2010년 여름, 나는 성락성결교회 의료선교팀과 함께 태국으로 또 한 번의 의료선교 여정을 떠나게 되었다. 이 나라는 13세기 타이족이 수코타이 왕국을 세우면서 본격적인 국가 형태를 갖추기 시작했으며, 이후 아유타야 왕조를 거쳐 현재의 짜끄리 왕조(방콕 왕조)로 이어지는 긴 역사를 가진 곳이었다. 특히 동남아시아에서 유일하게 서구 열강의 식민 지배를 받지 않은 국가로, 이러한 역사적 배경이 태국만의 독특한 문화와 정체성을 형성했다.

2010년 당시 태국은 1997년 아시아 외환위기의 충격에서 회복하며 관광업과 농업, 제조업을 중심으로 경제가 성장하고 있었지만, 도시와 농촌 간의 불균형 발전, 정치적 불안정 등으로 인해 의료 혜택이 모든 국민에게 골고루 미치지는 못하고 있었다. 특히 우리가 방문한 북부 지역은 의료 인프라가 부족해 많은 주민들이 적절한 치료를 받지 못하고 있었다.

태국 방콕 공항에 도착하자마자 뜨거운 열기와 습한 공기가 우리를 맞이했다. 한국의 무더운 여름보다도 더 습하고 후텁지근한 날씨였지만, 의료봉사에 대한 기대와 설렘으로 그런 불편함은 금세 잊혔다. 현지 선교사님의 안내로 우리는 북부 지역으로 이동하기 시작했다.

태국에 도착해서 가장 인상적이었던 것은 독특한 주택 구조였다. 비가 많이 내리는 열대 기후에 적응하여 홍수에 대비해 평지보다 높게 지은 가옥들이 눈에 띄었다. 굵은 나무 기둥으로 받침대를 만들고 2층 높이부터 거실을 배치한 형태였는데, 이는 비가 많이 내리는 열대 몬순 기후에 적응한 지혜로운 건축 방식이었다.

태국 후아이므앙 지역의 가옥

우리가 봉사할 후아이므앙 지역은 아직 개발이 덜 된 곳이어서 포장되지 않은 붉은 흙길을 걸어 이동해야 했다. 비탈진 흙길을 걸으며 자연스럽게 내 어린 시절 한국의 모습이 떠올랐다. 1960~1970년대 한국의 농촌 마을과 비슷한 풍경이었다. 길이 제대로 정비되지 않아 흙먼지가 날리고 길이 험해 태국 현지인들의 건강과 안전이 걱정되었다.

**태국 후아이므앙의 비탈길**

의료선교를 위해 마련된 교회에 도착하자, 우리는 즉시 임시 진료소를 설치하기 시작했다. 테이블 위에 혈압계, 청진기, 약병들을 늘어놓고 진료 준비를 서둘렀다. 플라스틱 의자를 놓고 환자를 진료해야 하는 열악한 환경이었지만, 이미 길게 줄을 서서 기다리는 태국 사람들을 보며 우리 모두는 봉사에 집중했다.

진료 체계는 역할 분담이 명확했다. 진료하는 의사와 진료 내용을 태국어로 전달하는 통역팀, 그리고 처방에 맞게 약을 챙기는 약제팀 모두가 각자의 임무를 충실히 수행했다. 더운 날씨와 계속된 진료로 체력적으로 지치기도 했지만, 십자가의 정신으로 서로를 격려하며 힘을 냈다.

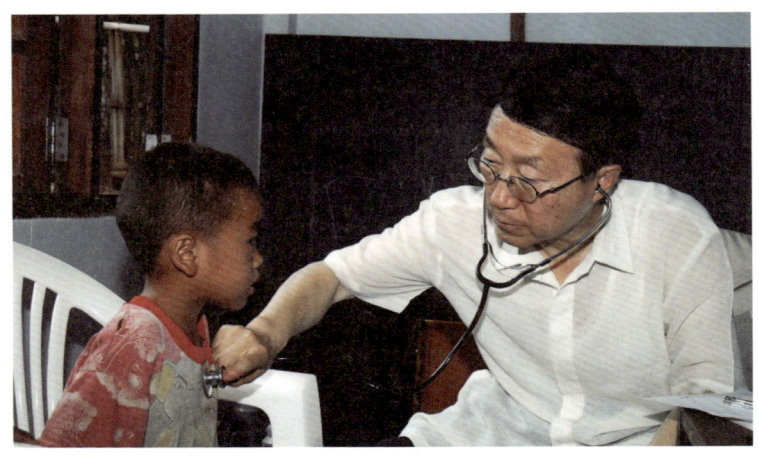

**태국의 의료선교 현장에서**

이·미용 봉사팀도 맨바닥에 의자를 놓고 머리카락을 자르는 고된 상황에서도 웃음을 잃지 않았다. 우리 교회 봉사팀은 아이들을 데리고 풍선 놀이 등 다양한 활동을 펼쳤다. 언어는 통하지 않았지만, 아이들의 해맑은 웃음소리는 모든 장벽을 뛰어넘는 보편적인 언어였다.

"각각 그 마음에 정한 대로 할 것이요 인색함으로나 억지로 하지 말지니 하나님은 즐겨 내는 자를 사랑하시느니라." (고린도후서 9:7)

태국 아이들을 진료해 보니 주로 구토, 설사 등 소화기 증상을 호소하거나 일교차가 커서인지 호흡기질환 환자들이 많았다. 열대 기후의 특성상 위생 관리가 어렵고, 깨끗한 식수 확보가 쉽지 않아 발생하는 문제들로 보였다.

특히 눈에 띄는 것은 대부분의 아이들이 마른 체형이라는 점이었다. 열악한 환경에서 충분한 영양 공급이 이루어지지 않아 그런 것으로 판단되었다. 의료선교를 하는 지역은 대부분 경제적 상황이 좋지 않은 곳이 많아, 이러한 영양 불균형이 심각한 건강 문제로 이어지고 있었다. 우리는 준비해 간 영양제와 비타민을 아이들에게 나눠주었다. 한국의 아이들처럼 과자와 음료수로 가득 찬 편의점은 없었지만, 그들의 눈동자에는 오히려 더 맑은 빛이 있었다. 물질적으로는 부족할지 모르지만, 그들의 영혼은 순수함과 감사함으로 가득했다.

특별히 기억에 남는 환자가 있었다. 나는 소아청소년과 의사이지만, 성인 환자를 진료해야 할 때도 있었다. 웃통을 벗은 채 진료실에 들어온 한 남성 환자를 살펴보니 몸 여기저기에 피부염의 흔적이 있었다. 자세히 살펴보고 있는데 통역하던 사람이

"이 사람은 에이즈<sup>AIDS, 후천성면역결핍증</sup> 환자입니다."라고 설명해 주었다.

그 순간 나는 잠시 당황했다. 한국에서 직접 접하지 못한 에이즈 환자를 처음 만난 것이었다. 그러나 놀라운 것은 주변 태국인들의 반응이었다. 그들은 아무렇지도 않게 대하고 있었다. 태국에서는 에이즈가 일반적인 질병으로 인식되고 있었던 것이다.

당시 태국은 에이즈 예방과 치료에 있어 많은 진전을 이루고 있었지만, 여전히 많은 환자들이 적절한 치료를 받지 못하고 있었다. 나는 그 환자에게 피부염 치료를 위한 약을 처방하고, 면역력 강화를 위한 조언을 해주었다. 비록 내가 제공할 수 있는 도움은 제한적이었지만, 그 환자가 조금이라도 편안함을 느끼길 바라는 마음이었다.

태국에서의 의료선교는 1주일이라는 짧은 시간 동안 진행되었지만, 그 영향력은 결코 작지 않았다. 우리가 방문한 태국의 여러 지역 교회들은 이전보다 지역 주민들의 관심과 참여가 높아졌다고 한다. 의료 혜택과 더불어 전해진 그리스도의 사랑이 그들의 마음을 열게 한 것이다.

나는 태국에서의 의료선교 경험을 통해, 언어와 문화, 환경은 달라도 아픔과 치유에 대한 인간의 기본적인 필요는 동일하다는 것을 다시금 생각하게 되었다. 그리고 그 필요를 채우는 과정에서 하나님의 사랑을 전할 수 있다는 것이 얼마나 큰 특권인지, 그것이 얼마나 감사한 일인지 더욱더 깊이 느낄 수 있었다.

## 인도네시아에 가다

:

군도의 나라에서 전한 치유와 소망

한국이 가을로 접어든 2011년 9월 추석 연휴에 나는 성락성결교회 의료선교팀과 함께 인도네시아로 의료선교를 떠났다. 9월 12일부터 17일까지 엿새 동안의 일정이었다. 1,267명의 환자를 진료하는 고된 여정이었지만, 하나님의 치유 은사가 넘치는 귀중한 시간이었다.

인도네시아는 약 18,000개의 섬으로 이루어진 세계 최대의 군도 국가로, 다양한 민족과 언어, 문화가 공존하는 곳이다. 고대에는 스리위자야(7~13세기), 마자파힛(13~16세기) 등 해상 왕국이 번성했으며, 13세기 이후 이슬람이 확산되었다. 16세기부터 시작된 네덜란드의 식민 지배는 약 350년간 지속되었고, 제2차 세계대전 중 일본의 점령을 거쳐 1945년 독립을 선언했다. 하지만 네덜란드는 이를 인정하지 않았고, 독립전쟁 끝에 1949년 12월에야 공식적인 독립이 인정되었다.

2011년 당시 인도네시아는 1998년 아시아 금융위기 이후 민주화('개혁시대', Reformasi)가 진행되며 정치적으로나 경제적으로 새로운 국면을 맞이하고 있었다. 5~6%대의 경제성장률을 기록하며 동남아시아에서 성장 잠재력이 큰 국가로 주목받고 있었지만, 여전히 많은 사람들이 기본적인 의료 혜택조차 받지 못하는 상황이었다.

인도네시아로 떠나는 여정의 시작은 지형은 담임목사님의 기도로 시작되었다. 인천국제공항 출국장에서 우리 의료선교팀에게 힘과 능력을 주시는 간절한 기도를 받고 은혜 충만한 가운데 비행기에 올랐다.

인천국제공항 출국장에서 기도와 함께

7여 시간의 비행 끝에 인도네시아에 도착한 우리는 현지 선교사님들의 환영을 받으며 사역지로 이동했다. 도시 곳곳에서 이슬람 문화의 영향을 느낄 수 있었다. 인도네시아는 세계에서 무슬림 인구가 가장 많은 나라로, 국민의 약 87%가 이슬람교를 믿고 있다.

　'히잡hijab'을 쓴 여성들이 거리를 가득 메우고 있었고, 진찰을 받으러 온 아이와 엄마 모두 히잡을 쓰고 있는 경우도 종종 있었다. 히잡을 쓴 어린 아이의 모습이 귀엽기도 했지만, 덥고 습한 열대 기후에서 오랜 시간 착용하면 아이의 건강에 영향이 없을까 걱정이 되기도 했다.

**인도네시아의 의료선교 현장에서**

　우리의 의료선교는 도심이 아닌 외곽 지역에서 시작되었다.

현지 교회를 임시 진료소로 활용하여 아침 일찍부터 진료를 시작했다. 더운 날씨에도 불구하고 많은 사람들이 줄을 서서 기다리고 있었다. 그들의 눈빛에서 절실함과 기대감을 읽을 수 있었다. 아이들을 진료하면서 주로 발견된 증상은 기침, 가래 등 호흡기 증상과 구토, 설사 같은 소화기 증상이었다. 오염된 물이나 음식을 통해 감염된 것으로 보이는 경우가 많았다. 안타깝게도 이런 기본적인 위생 문제가 아이들의 건강을 위협하고 있었다. 우리는 약을 처방하면서 동시에 기본적인 위생 수칙에 대해서도 교육했다.

의료선교 중 특별한 만남이 있었다. 인도네시아 출신인 닥터 일로나Dr. Ilona가 현지 선교사님의 소개로 우리 팀과 함께 의료봉사를 하게 된 것이다. 그녀가 묵묵히 성실하게 진료에 임하는 모습이 인상적이었다.

**진료 중인 인도네시아 닥터 일로나**

한 번은 내가 성인 여성을 진료하다가 갑상선비대가 관찰되어 촉진 후, 닥터 일로나에게 알려주었다. 그녀는 즉시 자리에서 일어나 환자의 뒤로 돌아가 두 손으로 목 부분을 자세히 촉진하기 시작했다. 의학 교과서에 나와 있듯이 갑상선 진찰은 목 앞쪽과 뒤쪽에서 모두 가능한데, 닥터 일로나는 정확한 방법으로 진찰을 수행했다. 이렇게 현지 의료진과 함께 일하는 경험은 매우 소중했다. 그들과 지식과 경험을 공유하며, 서로 배우고 성장할 수 있는 기회였다. 또한 그들이 우리가 떠난 후에도 지역 주민들을 계속해서 돌볼 수 있다는 점에서 의료선교의 지속가능성을 확보할 수 있었다.

의료선교 일정 중 가장 마음을 울리는 순간은 '시따날라' 나환자촌 방문이었다. 한센병(나병)은 오랜 세월 동안 사회적 낙인과 차별의 대상이 되어왔다. 예수님 시대에도 한센병 환자들은 사회에서 격리되어 살았고, 많은 사람들이 그들을 두려워하고 멀리했다. 그러나 예수님은 그런 한센병 환자들에게 다가가 손을 내밀어 기도하시며 치유하셨다.

시따날라에서 우리는 통증감각이 마비되어 손가락이 떨어져 버린 한센병 환자들을 만났다. 그들의 모습을 보면서 내 마음은 안타까움으로 가득 찼다. "주님, 몹쓸 병으로 평생 고통 중에 있는 이들의 영육 간 치료를 위해 저에게도 그 놀라운 능력을 빌려주실 수는 없나요?"라는 간절한 기도가 절로 나왔다.

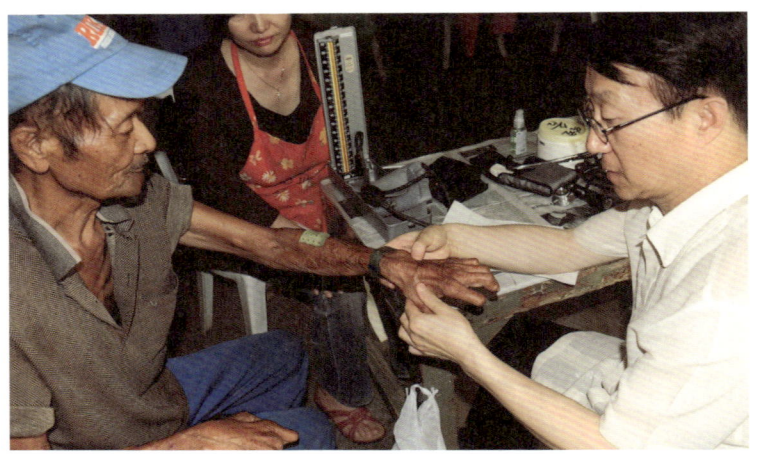

**한센병 환자의 상처를 살피고 있는 필자**

  한센병은 미코박테리움 레프라에$^{Mycobacterium\ leprae}$라는 세균에 의해 발생하는 만성 감염병으로, 현재는 다약제요법, 즉 여러 약물을 사용해 치료한다. 하지만 치료 시기를 놓치면 신경과 피부에 영구적인 손상을 입게 된다. 특히 말초신경 손상으로 인한 감각 소실은 부상과 2차 감염의 위험을 높인다. 우리는 한센병 환자들의 상처를 치료하고 약을 제공했다. 상처가 심해 치료할 때마다 심한 악취가 났고, 소독을 하던 간호사가 그날 점심을 못 먹을 정도였다. 앞으로도 지속적으로 상한 조직을 치료해야 할 텐데 그러지 못하는 상황이 걱정되었다. 주님의 은혜와 기적이 나환자촌의 모든 환자들에게 함께 하시기를 간절히 기도했다.

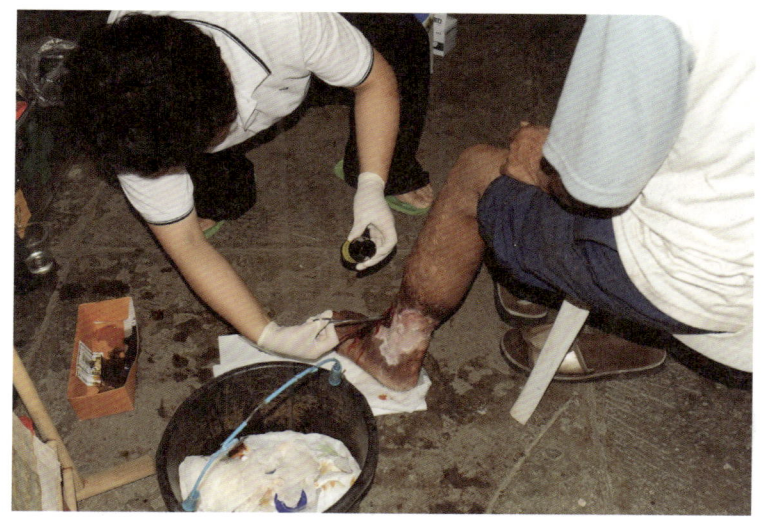

한센병 환자의 상처를 살피고 있는 김경남 간호사

"가난한 자를 보살피는 자는 복이 있나니 여호와께서 그를 환난 날에 건지시리로다." (시편 41:1)

의료선교 일정이 마무리될 무렵, 우리는 뜻밖의 반가운 만남을 가졌다. 인도네시아 현지에서 신발 공장을 운영해 크게 성공한 교포인 이석태 사장님을 만난 것이다. 이 사장님은 우리 교회 의료선교팀을 환영하며 공장 견학을 시켜주셨다.

그는 "병원에 가기 힘든 인도네시아 사람들을 위해 정말 훌륭하신 일들을 하신다."며 우리 팀 모두에게 좋은 운동화를 선물해 주셨다. 하나님께서는 이렇게 예상치 못한 곳에서 우리에게 위로와 격려를 보내주셨다. 타국에서 만난 한국인 사업가의 따뜻한 환대는 우리 팀에게 큰 힘이 되었다.

**인도네시아 현지의 한국 신발 공장**

6일간의 의료선교를 통해 우리는 총 1,267명의 환자를 진료했다. 이는 하루 평균 200명이 넘는 환자를 본 것으로, 매우 강도 높은 일정이었다. 그러나 환자들의 감사 인사와 미소를 볼 때마다, 모든 피로가 녹아내리는 듯했다.

현재 인도네시아는 지속적으로 발전을 이어가고 있지만 여전히 의료 인프라의 지역 간 격차가 크고, 소외된 지역의 의료 접근성 문제는 해결해야 할 과제로 남아있다. 이러한 상황에서 의료선교는 지금도 중요한 의미를 갖는다. 나는 이처럼 의료 사각지대에 있는 이들을 만나기 위해 하나님의 인도하심을 좇아서 소외된 곳으로 계속 발걸음을 옮길 것이다. 이사야서 41장 10절의 말씀대로 하나님께서는 모든 여정 속에서 나를 도와주실 것을 믿어 의심치 않는다.

## 캄보디아에 가다

:

### 킬링필드를 넘어 희망을 심다

2024년 9월, 나는 성락성결교회 의료선교팀과 함께 8일간의 캄보디아 의료선교를 떠났다. 9월 15일부터 22일까지 캄보디아의 캄퐁참, 시소폰, 시엠립 지역에서 총 1,100여 명에게 진료를 통해 치유의 은혜를 나눈 의료 사역이었다.

캄보디아는 1세기경 메콩강 하류에 등장한 부남 왕국을 시작으로, 802년 자야바르만 2세가 건국한 크메르 제국 시기에 앙코르 와트와 같은 찬란한 문화유산을 남긴 나라다. 그러나 19세기 중반 프랑스의 식민지가 되었고, 1953년 독립 이후에도 정치적 혼란과 내전을 겪었다. 특히 1975년부터 1979년까지 폴 포트의 크메르루즈 정권 하에서 대규모 학살과 사회 붕괴('킬링필드')를 경험한 비극적 역사를 가지고 있다.

1990년대 초반에는 내전의 후유증과 극심한 빈곤, 산업과 인적 자원의 붕괴 상태에 있었지만, 1993년 유엔 주관의 총선 이후 정치적 안정과 국제사회의 지원이 본격화되면서 점차 회복의 길을 걷기 시작했다. 그 후 캄보디아는 경제가 성장하며, 제조업과 서비스업을 중심으로 발전을 이어가고 있지만, 현재까지도 아파도 의료진을 만나지 못하는 사람들이 많이 있다.

캄보디아에 도착하니 생각보다 더 덥고 습한 날씨가 우리를 맞았다. 분명 체력적인 도전이었지만, 주님께서 주시는 힘으로 이겨낼 수 있으리라 믿었다. 공항에서 우리를 맞이한 현지 선교사님의 환영을 받으며, 첫 번째 의료봉사 지역인 캄퐁참으로 향했다. 이번 의료선교에서 특별히 뜻깊었던 것은 캄보디아 현지 의료인으로 구성된 국제의료협력단의 이동진료팀과 함께 진료할 수 있었다는 점이다. 또한 우리 교회가 설립한 (사)글로벌사랑나눔도 함께 하여 주님의 복음을 전파하는 사역에 힘을 보탰다.

감사하게도 여러 동역자들의 참여로 우리 의료선교팀은 내과, 소아청소년과, 치과, 이비인후과, 정형외과의 진료를 환자들에게 제공할 수 있었고, 초음파, X선, 혈액검사, 당뇨병 검진, 척추측만증 선별검사까지 캄보디아 현지인에게 실시할 수 있었다. 거의 대형병원 수준의 종합적인 진료가 이루어진 것이다. 인간의 생각이나 계획만으로 이 모든 것이 구성될 수 있었을까? 하나님께서 귀중한 동역자를 불러 모으시고 모든 의료설비를 동원하신 결과라고밖에 할 수 없다.

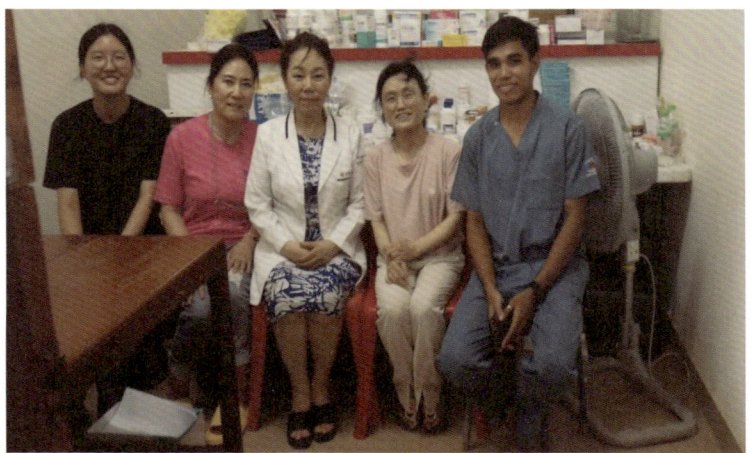

**우리 의료선교팀과 캄보디아 현지 의료인들이 함께 진료했다.**

"하나님을 사랑하는 자, 곧 그의 뜻대로 부르심을 입은 자들에게는 모든 것이 합력하여 선을 이루느니라." (로마서 8:28)

이러한 종합적인 의료 서비스는 현지 주민들에게 큰 축복이었다. 캄보디아의 많은 지역, 특히 농촌 지역은 여전히 의료 인프라가 부족하고 전문적인 의료 서비스에 대한 접근성이 제한적이다. 우리의 방문은 그들에게 평소에는 받기 어려운 종합적인 의료 서비스를 제공하는 기회가 되었다.

캄보디아의 기후는 정말 습하고 무더웠다. 거기다 전압이 불안정하여 발전기를 돌려 겨우 선풍기 정도만 켤 수 있는 상황이었다. 충분한 전력 공급이 되지 않아 의료장비 작동에도 어려움이 있었지만, 우리 팀은 그런 제약 속에서도 최선을 다했다. 지치고 힘들었지만 밀려드는 환자들을 보며 하나님께 간절히 기도드렸다.

"주님, 저와 함께 하시어 환자들을 치료하고 캄보디아에 하나님의 말씀과 기적을 널리 퍼뜨리는 이 사역을 끝까지 완수하게 해 주십시오. 그것을 위해 주님의 종에게 합당한 힘과 능력을 부어주시기를 간구합니다."

그렇게 끊임없이 기도했다.

서른 명이 넘는 우리 의료선교팀도 모두 합심하여 이 무더위와 여러 어려운 상황을 이겨내고 하나님이 주신 소명을 잘 해나갈 수 있도록 기도하며, 봉사활동을 이어 나갔다. 이번 선교 사역은 의료봉사뿐만 아니라 이·미용 봉사와 어린이들을 위한 방과 후 활동까지 포함됐고, (사)글로벌사랑나눔은 지역 주민들에게 쌀과 식용유 같은 생필품도 기부했다.

또한 앞선 인도네시아에서의 경우처럼 현지 의료인들과 함께 일하는 경험은 매우 소중했다. 그들과의 지식과 경험 공유를 통해 서로 배우고 성장할 수 있었다. 또한 그들은 이번 선교 사역 후에도 지역 주민들을 계속 돌볼 수 있기 때문에 의료선교의 지속을 위해서도 큰 도움이 될 것이다.

오랜 의료선교 사역에 함께 한 치과의사 이석우 장로님(오른쪽)

의료선교를 통해 각국에서 만난 환자들은 언어와 문화는 달랐지만, 아픔이나 상처가 사라지는 것과 앞으로 더 나아지기를 바라는 마음은 동일했다. 이를 통해 의료인의 소명이 국경을 초월해 전해질 수 있음을 실감할 수 있었다. '킬링필드'의 비극적 역사를 간직한 이 나라의 사람들에게, 치유의 성과와 희망을 선사하는 일에 동참할 수 있어 감사했다.

우리가 최선을 다한 이 봉사 활동들이 씨앗이 되어 캄보디아에 복음이 널리 퍼지길 간절함을 담아 기도한다. 하나님께서 내 건강을 언제까지 허락하실지 모르겠지만, 허락하시는 한 죽도록 충성하며 열심히 이 사역을 해나가야겠다고 생각한다. 하나님의 은혜가 나와 함께 하시어 앞으로도 우리 주님이 기뻐하시는 이타(利他)의 생명을 살리는 사역에 계속 쓰임받을 수 있기를 기도한다.

**개성공단에 가다**

:

닫힌 국경을 넘어 의술을 나누다

　전 세계에서 단 한 곳, 자신들에게 필요한 군사 및 경제 교류 외에는 절대 문을 열지 않는 곳이 있다. 바로 우리와 같은 민족인 북한이다. 나는 그동안 해외 의료선교로 수많은 나라들을 다녀왔지만, 폐쇄적인 정책으로 인해 지척에 있는 북한에는 봉사를 하러 갈 수 없는 현실이 안타까웠다. 그래서 하나님께서 기회를 허락하시면 주저하지 않고 북한에 가겠다고 다짐하고 있었는데, 감사하게도 후에 북한의 개성공단 협력병원으로 두 번 다녀올 수 있게 되었다. 그때를 반추하면서 가깝지만 정말 먼 북한을 다녀온 이야기를 하려고 한다. 개성공단은 남북 경제협력의 대표적 상징이자, 남북교류 협력의 중요한 결과물로 평가받는 곳이다. 2000년 6월 15일 남북 정상회담에서 본격적으로

논의되어 이후 현대아산과 북한 당국이 공단 건설에 합의하면서 남북 경제협력의 새로운 장이 열렸다. 2003년 6월에 착공이 시작되어 2004년에는 첫 제품이 생산되었다. 그 후 최대 120여 개의 한국 기업이 입주해 약 5만 명의 북한 근로자를 고용하는 등 순항했지만, 남북관계 악화로 개성공단도 여러 차례 위기를 맞았고, 결국 2016년 2월, 북한의 핵실험과 장거리 미사일 발사에 대응해 한국 정부가 개성공단 전면 중단을 결정하며 가동이 멈추었다. 참으로 안타깝기 그지없는 상황이다.

북한은 말로는 전 인민에게 무상진료와 건강관리를 해 준다고 선전하지만, 실상은 경제난으로 인해 의료 시스템이 제대로 작동하지 않는 현실이다. 아이들에게 절대적으로 필요한 예방접종의 일부만 무료로 제공하고 있으나, 성인에게는 예방접종을 거의 해주지 못하는 상황이다. 간신히 진료만 무료로 해 주고 있으나 의료시설이 태부족이라 병원에 가기도 쉽지 않다. 겨우 진료를 받아 병명을 알게 되어도 약이 절대적으로 부족해 평양 등 대도시에 사는 일부 간부들 외에는 환자들이 알아서 약을 구해 먹으라는 식의 처방전만 내주고 있다고 한다.

실제로 2000년 중국 연변으로 제5차 의료선교를 갔을 때, 북한에서 살 수 없어 목숨을 걸고 탈북해 연변에 숨어 사는 탈북민을 진료한 적이 있었다. 그중 한 환자는 추위로 발에 동상이 걸려 거의 절단을 고려해야 하는 상황이었다. 그의 발을 치료하며, 나는 북한 주민들의 열악한 의료 환경에 대해 다시금 느끼게 되었고, 언젠가는 직접 북한에 들어가 의료봉사를 하고 싶다는 마음이 더욱 간절해졌다.

"긍휼과 자비와 겸손과 온유와 오래 참음을 옷 입듯이 입으라." (골로새서 3:12)

이후 이들을 위해 기도하던 중, 하나님께서는 놀라운 문을 열어주셨다. 부산에 본부를 두고 있는 국제의료봉사단체인 그린닥터스가 북한에 세운 개성공단 협력병원을 방문할 기회가 생긴 것이다. 이는 내게 큰 은혜이자 소중한 기회였다.

북한에 들어가기 위해서는 통일부에서 주관한 북한 방문 특별교육을 받고, 여권과 비슷한 북한 방문 출입증까지 교부받아야 했다. 출입증 확인 절차를 거쳐 판문점을 통해 '출경'(출국이라 하지 않고 입·출경이라 함)하고, 북한 접경에 가서 '입경' 도장을 받은 후 차로 개성까지 가서 협력병원에 도착했다. 당시 개성공단에서 한국의 기업체들은 한국보다 훨씬 저렴한 노동력으로 북한 주민을 고용하고, 북한 주민들은 일반적인 북한 임금보다 더 높은 보수를 받을 수 있어 남북이 서로 원원하는 상황이었다. 이런 배경에서 양측의 근로자들을 위한 의료시설로 개성공단 협력병원이 개원했던 것이다.

협력병원은 단층 건물이었는데, 물론 우리나라의 자본으로 지어졌다. 원래 목적은 북한의 현지인들을 진료하는 것이었지만, 직접 가보니 건물 중앙에 문을 만들어 남과 북의 진료소를 분리해 놓았다. 그럼에도 불구하고 남북한 의료진들이 공동으로 진료하는 경우도 있어서 몇 명의 북한 주민을 진료할 수 있었다. 이 경험은 내게 매우 특별했다. 비록 정치적, 이념적 장벽은 높았지만, 의술을 통해 그 장벽을 조금이나마 낮출 수 있다는 가능성을 보았기 때문이다. 환자의 아픔과 의사의 치유 의지 앞에서는 남과 북의 구분이 무의미해지는 순간들이 있었다.

북한에 두 번째 들어갔을 때는 에피소드가 있었다. 현지 병원장(한국 출신)이 수액을 가져왔으면 좋겠다고 해서 수액 몇 세트를 준비했다. 그런데 이것이 문제가 되었다. 북한에 입경할 때는 차 트렁크를 완전히 비우고 차량번호판은 비닐 보자기로 씌운 채 들어가야 했다. 두 번째 방문 시 치과의사 이석우 장로님의 차를 타고 갔는데, 수액세트를 차 트렁크에 실은 상태였다. 북한 검문소에 도착해 나와 김경남 간호사는 먼저 검문소 도장을 받고 기다리고 있었는데, 한참 후에야 이 장로님이 상기된 얼굴로 나타났다. 차 트렁크에 신고하지 않은 수액세트가 있다며 북한 당국이 트집을 잡았다는 것이다. 현지인들에게 사용할 수액이라고 거듭 설명해도 통하지 않았다. 결국 벌금 100달러를 물고 나서야 통과할 수 있었다. 이런 우여곡절을 겪은 후에야 개성공단 협력병원에 도착할 수 있었다. 이 경험은 북한의 경직된 체제와 남북 교류의 어려움을 실감하게 해주었다. 환자를 위한 의료 물품을 가져가는 것조차 이렇게 복잡한 과정과 제약이 따르는 현실이 안타까웠다.

협력병원에 북측 진료소가 있었음에도, 간혹 당 간부나 치과 치료를 받을 사람 또는 내시경검사가 필요한 사람은 꼭 감시인을 붙여서 데려오곤 했다. 병원 앞에 지프가 도착해 누가 왔나 봤더니, 북측 간부급 인사가 들어와 아까 그 수액을 놓아 달라고 했다. 입경할 때는 트집을 잡아 벌금까지 물리고는, 수액이 들어왔다고 상부에 보고해 간부가 수액을 맞으러 온 것이었다. 이 아이러니한 상황을 목격하면서, 나는 북한 사회의 이중성과 실상에 대해 더욱 깊이 이해하게 되었다. 일반 주민들에게는 제대로 된 의료 서비스를 제공하지 못하면서도, 권력층은 자신들의 필요에 따라 남측의 의료 자원을 활용하고 있었다. 이런 모습을 보며, 절실히 치료가 필요한 북한의 주민들에 대한 걱정과 안쓰러움에 마음이 착잡했다.

개성공단 협력병원에서의 경험은 짧았지만 매우 소중했다. 비록 정치적 장벽이 높았고, 의료 활동에도 많은 제약이 있었지만, 그곳에서 만난 북한 주민들의 얼굴은 지금도 선명하게 기억에 남아있다. 그들의 눈빛에서 나는 동포로서의 연결감과 함께, 더 나은 의료 혜택에 대한 갈망을 읽을 수 있었다.

이렇게 두 번 북한에 다녀온 후 수년이 지나 김정일이 사망하고 다시 정권이 세습되면서 결국 개성공단은 폐쇄되었다. 언젠가 남북 관계가 개선되고, 개성공단이 다시 문을 열게 된다면, 나는 그때 다시 한번 북한 동포들을 위한 의료봉사에 참여하고 싶다. 비록 내가 고령이 되어 직접 참여하지 못하더라도, 후배 의사들이 그 역할을 이어나가길 바란다. 북한에 복음의 소식이 하루 빨리 전해지고, 의료 혜택을 모든 주민들이 누릴 수 있는 날이 오기를 간절히 기도한다.

**동역자들 I**

:

함께 나누는 치유의 손길


　단기 해외 의료선교 초창기, 1996년 첫 번째 여정부터 2000년 다섯 번째 여정까지 의사는 나 혼자였다. 40대의 젊은 열정으로 가득 차 있었기에 당시에는 힘든 줄도 몰랐다. 그러나 지금 돌이켜보면, 그 시간들은 하나님께서 내게 주신 특별한 훈련 기간이었다고 생각한다. 각 선교지마다 홀로 수백 명의 환자들을 진료하는 것은 결코 쉬운 일이 아니었다. 아침 일찍부터 저녁 늦게까지, 때로는 등에서 땀이 흘러내리는 더운 날씨 속에서도 환자들을 돌보며 진료실을 지켰다. 길게 늘어선 환자들의 행렬을 보면서, 예수님께서 가는 곳마다 모여드는 병자들을 긍휼히 여기시고 치료해주신 장면이 떠올랐다.

> "예수께서 나오사 큰 무리를 보시고 그 목자 없는 양과 같음으로 인하여 불쌍히 여기사 이에 여러 가지로 가르치시더라." (마가복음 6:34)

의료선교 현장에서 밤늦게 숙소로 돌아가는 길, 종종 하나님께 기도했다.

> "주님, 이 사역의 길을 함께 걸어갈 동역자를 보내주시면 좋겠습니다."

병든 이들을 치료하는 일이 주는 기쁨과 보람은 컸지만, 그 책임과 부담 역시 무거웠기 때문이다. 홀로 수백 명의 진료를 감당하다 보니 한 사람 한 사람에게 충분한 관심과 시간을 쏟지 못하는 아쉬움도 있었다. 그러던 어느 날, 기도의 응답이 찾아왔다. 하나님은 내 기도를 들으시고, 이미 준비하고 계셨던 동역자들을 하나둘 보내주시기 시작했다. 그것은 마치 엘리야에게 말씀하셨던 것처럼, 하나님께서 이미 당신의 사역을 위해 많은 이들을 준비해 두셨음을 깨닫게 하는 순간이었다.

2001년, 제6차 중국 연변 조선족 의료선교에 대학 동기인 내과 전문의 이종화 선생님이 합류했다. 그의 도움으로 진료는 훨씬 수월해졌고, 더 많은 환자들에게 질 높은 의료서비스를 제공할 수 있었다. 이종화 선생님은 자신이 출석하는 교회 단체를 통해 이미 러시아와 우즈베키스탄에서 의료선교 경험이 있었기에, 그의 노하우와 조언은 우리 팀에 큰 자산이 되었다.

이 선생님은 2004년 태국(제9차), 2006년 캄보디아(제11차), 2010년 태국(제14차) 의료선교에도 함께했다. 태국과 캄보디아에서 무더운 가운데 천 명이 넘는 환자를 보는 쉽지 않은 상황이었지만, 우리는 서로를 격려하며 진료에 임했다. 점심시간에 잠시 만났을 때, 이 선생님은 웃으며 말했다.

"이런 환경에서도 환자들이 밝게 웃으며 감사하는 모습을 보니 오히려 내가 더 큰 은혜를 받는 것 같아."

그의 말에 깊이 공감했다. 우리가 나누는 것보다 더 많은 것을 받을 수 있는 것이 의료선교의 묘미였다.

2010년 태국 단기 의료선교 당시(사진 제일 오른쪽이 이종화 선생님)

2007년 제12차 중국 단둥 의료선교에는 또 다른 대학 동기인 소아청소년과 전문의 정충길 선생님이 동행했다. 두 명의 소아청소년과 의사가 함께하니 1천 명에 가까운 환자들을 훨씬 수월하게 진료할 수 있었다. 환자들 중에는 심한 중이염이나 폐렴 등의 아이들도 있었는데, 두 사람이 서로 의견을 나누며 최선의 치료 방법을 찾을 수 있었다.

"철이 철을 날카롭게 하는 것 같이 사람이 그의 친구의 얼굴을 빛나게 하느니라" (잠언 27:17)

제14차 태국 의료선교부터는 우리 교회 안수집사님의 자제인 정형외과 전문의 박성준 집사님이 함께하게 되었다. 그동안 내과, 소아청소년과처럼 내과계 진료만 해왔는데, 이제 외과계 의사가 합류함으로써 의료선교의 범위가 한층 넓어졌다. 골절이나 관절 문제, 외상 치료 등이 필요한 환자들에게도 도움을 줄 수 있게 된 것이다.

선교지에서 하루 일과를 마치고 저녁에 함께 산책하며 나눈 대화가 아직도 생생하다. 박 집사님은 의료선교에 대한 깊은 통찰력과 확고한 사명감을 갖고 있었다. 그는 "의사로서의 기술이 단지 삶의 수단이 아니라 하나님께서 주신 선물이고, 이를 통해 주님의 사랑을 전하는 것이 우리의 사명"이라고 했다. 의료선교부의 선배로서 후배의 그런 마음가짐을 보며 큰 기쁨과 감사를 느꼈다.

박 집사님은 그 후로도 거의 모든 단기 의료선교에 동행했다. 2016년 제19차 몽골 의료선교 때는 특별한 사례가 있었다. '선천성 만곡족'을 가진 7세 여아를 진료했는데, 이는 태어날 때부터 발목이 안쪽으로 비틀려 발가락이 안쪽과 아래쪽을 향하는 선천적 기형이다. 아이는 발의 바깥쪽 옆면과 발등으로 절뚝거리며 걸어야 했고, 제대로 된 신발을 신을 수도 없어 매우 불편해했다. 그 모습이 안타까워 우리는 그 아이를 한국으로 초청하기로 결정했고, 같은 해 12월 고려대학교 구로병원 정형외과에서 박 집사님의 주도로 교정 수술을 받게 했다.

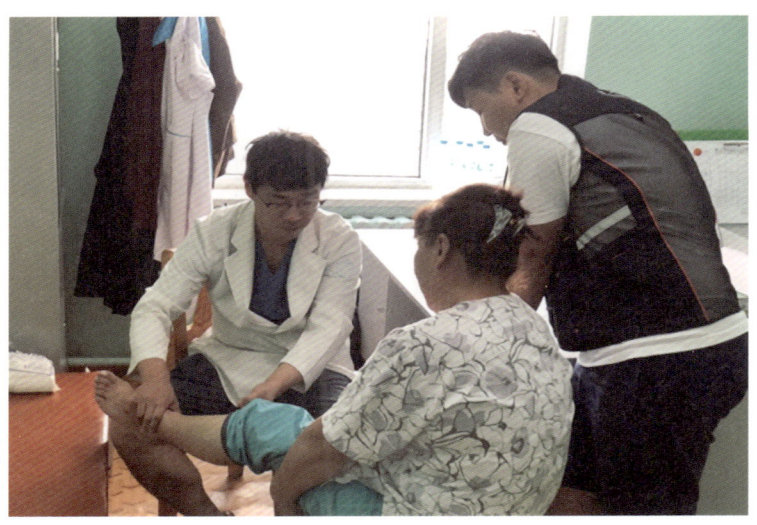

**의료선교지에서 진료 중인 박성준 집사님**

수술 당일, 우리는 수술실 밖에서 기도하며 기다렸다. 긴장된 시간이 흐른 후, 박 집사님이 환한 미소와 함께 수술실에서 나왔다.

"수술이 성공적으로 끝났습니다. 아이의 발이 정상 위치로 돌아왔어요."

그 소식을 들은 순간, 눈시울이 뜨거워졌다. 하나님의 인도하심과 돌보심으로 그 아이는 수술 후 훌륭히 회복되어 건강한 모습으로 몽골로 돌아갔다.

2024년, 박성준 집사님은 장로로 임직하여 이제는 의료선교부를 이끌고 있다. 하나님께서 어떻게 의료선교의 길을 예비하셨는지 돌아보면 놀라울 따름이다. 제1대 고 이장렬 장로님을 통해 의료선교의 문을 여셨고, 미약한 나를 제2대 의료선교부장으로 세워 1995년부터 원로 장로로 물러난 2018년까지 23년간 섬기게 하셨다. 이어서 제3대 이석우 장로님을 5년간 세우셨으며, 이제는 제4대 박성준 장로님을 통해 의료선교 사역이 계속될 수 있도록 인도하셨다.

성락성결교회 의료선교 사역에는 또 한 명의 든든한 동역자가 있다. 바로 한의사 조창주 선생님이다. 조 선생님은 1983년 우리 교회 의료선교단 조직 초기부터 함께한 분으로, 매월 둘째 주 국내 의료선교에 거의 빠짐없이 참여하셨다. 조 선생님은 필리핀(1996~1999년), 중국(2000~2001년)을 비롯해 몽골, 태국, 베트남 등 단기 해외 의료선교에도 묵묵히 동참하셨다. 그분의 성실함과 헌신은 정말 감동적이었다.

"각각 은사를 받은 대로 하나님의 여러 가지 은혜를 맡은 선한 청지기 같이 서로 봉사하라" (베드로전서 4:10)

매년 해외 단기 의료선교에서 진료하고 약을 처방하면, 동행한 간호팀(간호사, 간호조무사)이 처방약을 조제하여 환자와 보호자에게 전달하고 통역을 통해 복용법을 설명했다. 환자와 보호자가 약에 대해 제대로 이해하지 않으면 치료 지속성이 떨어질 수 있기 때문에, 우리는 전문 약사의 필요성을 절실히 느꼈다.

이 필요를 위해 기도하던 중, 하나님께서는 2016년 7월 제19차 몽골 의료선교를 앞두고 놀라운 방법으로 응답해 주셨다. 과천의 내 진료실 맞은편에 있던 약국의 젊은 남자 약사가 지방으로 이전하게 되었다며, 약국을 인수할 오영림 약사님과 함께 인사차 방문했다. 다음 날 점심식사 자리에서 우리 교회의 단기 의료선교 이야기를 꺼냈더니, 오 약사님은 눈을 반짝이며 관심을 보였다.

"저는 서울 반포의 장로교회 권사인데, 사실 의료봉사에 관심이 많았어요. 하지만 지금까지 약국 일만 하며 주님께서 주신 달란트를 땅에 묻어두었던 것 같아요. 언젠가 주님께서 '네가 받은 달란트로 무엇을 했느냐'고 물으시면 어떻게 대답할지, 그것이 늘 제 기도 제목이었습니다."

오 약사님의 진솔한 고백을 들으며, 나는 가슴이 뭉클해졌다. 그분이 봉사할 수 있는 기회를 찾고 있었던 바로 그때, 우리에게는 약사가 필요했던 것이다. 이것이야말로 여호와 이레, 하나님께서 미리 준비하신 은혜가 아닐까. 그렇게 오 약사님은 몽골 의료선교에 동참하게 되었고, 그의 전문 지식은 환자들에게 약을 정확히 전달하고 설명하는 데 큰 도움이 되었다.

"네 길을 여호와께 맡기라 그를 의지하면 그가 이루시고" (시편 37:5)

한편, 시간이 흐르면서 홀로 의료선교 진료 사역을 감당하기가 점점 더 어려워졌다. 의사가 더 있었으면 하는 바람이 있었다. 2016년 제19차 몽골 의료선교를 준비하면서, 문득 1982년 내가 전문의 면허 취득 후 1년간 소아과 과장으로 봉직했던 강서병원의 마취과 과장이셨던 정명숙 선생님이 떠올랐다.

당시 정 선생님은 신앙이 돈독하셨던 기억이 있어 연락을 드렸다. 오랜만의 연락에도 정 선생님은 반갑게 받아주셨고, 자신도 몇 차례 해외 단기 의료선교에 참여한 경험이 있다며 흔쾌히 함께하겠다고 약속해 주셨다.

이렇게 제19차 몽골 의료선교는 의사 3명(나, 박성준 선생님, 정명숙 선생님), 치과의사 1명, 한의사 1명에 간호사와 약사까지 합류한 내실 있는 의료선교팀이 되었다. 각자의 전문 분야에서 최선을 다하며 하나님의 사역을 충실히 수행할 수 있었다.

한 장소에서 다양한 진료과가 협력하니 환자들의 만족도도 높았고, 더 많은 이들에게 도움을 줄 수 있었다.

2019년 제22차 몽골 의료선교를 준비하면서, 우리는 교회 주보에 동역할 의료인을 모집하는 광고를 게재했다. 그때 (사)글로벌사랑나눔의 배영희 간사님이 우리 교회 앞 건물에 있는 '박내과'의 박민희 원장님이 관심을 보인다는 소식을 전해주었다. 박 원장님은 우리 교회 주차장을 장기 이용하면서 우연히 주보를 보게 되었다고 했다.

사실 박 원장님은 나에게 구면이었다. 2003년, 과천의 연세박상학의원이 재건축으로 건물이 없어졌을 때 성수동에 있는 우리 교회 옆 건물로 이전 개원한 적이 있었다. 그때 개원 인사차 방문했던 박 원장님과는 성수동 개원의 모임에서 가끔 만나 식사도 했던 사이였다. 이렇게 우연처럼 보이는 재회 속에서, 나는 다시 한번 하나님의 섭리를 느꼈다.

더욱 감사한 것은 박 원장님의 부인이신 김영희 약사님도 함께 의료선교에 동참해 주신 것이다. 두 분은 의사와 약사로서 완벽한 팀을 이루어, 진료와 약 처방 및 복용 지도까지 원활하게 이루어지게 했다.

여기에 언급한 모든 동역자들의 노고와 헌신에 깊은 감사를 드린다. 이 분들이 있었기에 수많은 환자의 아픔을 치유할 수 있었고, 하나님의 사랑을 더 널리 전할 수 있었다. 각자의 전문 영역에서 최선을 다하는 모습은 마치 다양한 지체가 하나의 몸을 이루는 교회의 모습과도 같았다.

**몽골의 자연을 배경으로(가운데 흰색 상의의 김영희 약사님, 그 오른쪽이 박민희 내과 원장님)**

아울러 이렇게 귀중한 동역자들을 세우시고 인도해 주신 하나님의 놀라운 은혜에 거듭 감사드린다. 잠시 동행한 이도 있고, 오랜 시간 함께한 이도 있지만, 모두가 하나님 나라를 위한 귀한 일꾼들이었다. 하나님께서는 당신의 때에, 당신의 방법으로, 필요한 사람들을 보내주셨다.

"그러므로 나의 사랑하는 형제들아 견실하며 흔들리지 말고 항상 주의 일에 더욱 힘쓰는 자들이 되라 이는 너희 수고가 주 안에서 헛되지 않은 줄 앎이라" (고린도전서 15:58)

## 동역자들 II

:

### 보이지 않는 곳에서의 헌신

　의료선교의 현장에는 진료실 안에서 환자를 돌보는 의료진만 있는 것이 아니다. 그 뒤에는 수많은 손길이 보이지 않는 곳에서 헌신하고 있다. 의료선교에 대해 이야기할 때 김운식 안수집사님과 김성태 장로님은 결코 빼놓을 수 없는 분들이다. 제1차 단기 해외 의료선교 때부터 제23차(몽골) 때까지 한 번도 빠지지 않고 처음부터 이 사역팀의 조직 및 구성뿐만 아니라 의약품과 의료기자재 준비, 포장, 각국 통관 서류 등 꼭 필요한 세부적인 일들을 도맡으셨다. 모든 필수과정들을 세세히 살피고 준비하여 의료선교 사역이 성공리에 수행될 수 있도록 말없이 봉사하신 참 일꾼들이시다. 신실하신 두 분의 수고에 무한한 감사를 드린다.

또한 의료선교를 할 때는 의료 서비스뿐만 아니라 다양한 방식으로 하나님의 사랑을 전하는 여러 사역이 함께 이루어진다. 그중에서도 이·미용 사역은 특별한 역할을 했다. 안병희, 고순옥 권사님은 처음부터 이·미용 사역에 동참하신 귀한 사역자들이셨다. 의료선교가 아픈 현지 주민들을 대상으로 한다면, 이·미용 사역은 온 동네 주민들을 아우른다. 어린이부터 노인까지, 머리 손질을 받기 위해 모여든 현지인들로 항상 북적였다. 이곳은 단순히 미용 서비스를 제공하는 장소가 아니라, 복음을 전하는 귀중한 접촉점이 되었다. 이 사역에 동행한 공복례 권사님, 이행숙 권사님께도 감사의 말씀을 드린다.

그리고, 의료선교 초창기부터 거의 빠짐없이 동역한 김경남, 한혜승 간호사님과 박경미 치과위생사님의 수고에 감사를 전한다. 수많은 환자를 케어하는 손길이 있었기에 환자의 아픔이 치유되고 하나님의 말씀이 전파되는 사역이 이루어질 수 있었다. 수년 전부터 의료선교 사역에 동참해 온 다음 세대 어린이 사역팀에게도 감사드린다. 강금숙 권사님, 손현례 권사님, 김지영 집사님 등 많은 분들이 수고하셨다. 이렇게 각자의 다양한 자리에서 의료선교 사역에 기꺼이 수고하고 헌신하신 모든 동역자분들께 하나님의 사랑과 은총이 함께 하시길 기도한다.

"서로 짐을 지라 그리하여 그리스도의 법을 성취하라." (갈라디아서 6:2)

인도네시아 의료선교에 함께 한 동역자들

　모든 동역자들의 손길이 모여 하나님의 사랑이 널리 전해질 수 있었다. 그들의 수고는 때로는 드러나지 않을 수 있지만, 하나님 나라의 확장에 귀한 밑거름이 되었다.

　의료선교 과정에서는 예상치 못한 도움과 우연한 만남도 많았다. 1996년 필리핀으로 첫 번째 단기 의료선교를 떠날 때의 일이다. 의약품과 의료기자재의 공항 통관이 어려울 수 있다는 말을 듣고 걱정이 되었다. 세중회(세브란스 소아청소년과 전문의 모임)에서 이 고민을 나누었더니, 중고등학교와 대학교 1년 선배인 차석규 원장님(차소아과의원)이 도움의 손길을 내밀어 주셨다.

"내 동생(차석용 대표)이 필리핀 마닐라에서 미국 P&G 아시아 지역 전무이사로 근무 중이니 한번 연락해 볼게."

하나님의 예비하심일까. 1996년 2월 18일, 마닐라 공항에 도착해 짐을 찾고 세관 통관을 기다리고 있을 때 공항 스피커에서 내 이름이 호명되었다.

"Passenger Park SangHak, please come to the information desk."

무슨 일인지 의아해하며 안내 데스크로 갔더니, 제복을 입은 한 필리핀 경비원이 우리에게 인사하며 바로 공항 밖으로 안내했다. 그제야 차 원장님이 동생을 통해 세관 통관에 문제가 없도록 도움을 주신 것임을 알게 되었다. 덕분에 의료선교에 필요한 모든 물품을 무사히 옮길 수 있었다. 이 일은 하나님께서 우리의 걱정과 필요를 미리 아시고 준비해 두신 것이었다.

"내가 산을 향하여 눈을 들리라 나의 도움이 어디서 올까 나의 도움은 천지를 지으신 여호와에게서로다." (시편 121:1-2)

다음 날 진료 사역을 마친 후, 그 차석용 이사님이 자신의 집으로 우리를 초대했다. 저녁 식사를 위해 그의 집에 도착했을 때, 거실에서 뜻밖의 반가운 얼굴을 만났다. 대학생 시절 최고의 통기타 가수로 알려졌던 윤형주 장로님(온누리교회, 민족시인 윤동주의 육촌동생)이 그곳에 계셨던 것이다. 윤형주 장로님은 나의 고등학교, 대학교 1년 선배였다. 그는 가수 활동으로 인해 의대를 중퇴했지만, 지금까지도 즐겨불리는 명곡들을 발표했다. 독자 여러분들도 가수 윤형주의 노래들을 알고 계실 것이다. 그 자리에서 윤 장로님은 '조개껍질 묶어', '편지' 등 히트곡들을 즉석에서 불러주었다. 낯선 필리핀 땅에서 선배와의 우연한 만남은 우리 모두에게 특별한 위로와 격려가 되었다.

**필리핀에서 우연히 만난 가수 윤형주 장로님**

이런 경험들을 통해 나는 의료선교의 여정이 단순히 우리의 계획과 노력만으로 이루어지는 것이 아님을 느끼며 확신하게 되었다. 하나님께서는 우리가 생각지도 못한 방식으로 도움의 손길을 보내주시고, 격려와 위로를 주시며, 때로는 뜻밖의 만남을 통해 우리의 여정을 풍요롭게 해주신다.

　의료선교에 동참한 모든 동역자들, 그리고 보이지 않는 곳에서 도움을 주신 수많은 분들의 헌신과 사랑이 있었기에 하나님의 사역은 지속될 수 있었다. 이 모든 일을 인도하신 하나님께 감사드리며, 앞으로도 각자의 자리에서 하나님 나라를 위해 수고하는 모든 이들에게 주님의 풍성한 은혜가 함께하기를 간절히 기도한다.

# 소명, 사명, 순명

소아청소년과의사 박상학 장로의
의료선교사역 이야기

# ④ 나에게 찾아온 시련과 감사

### 눈 수술을 하다

:

빛을 되찾은 여정

1982년 3월, 소아과 전문의 면허를 취득한 후 서울 구로구 개봉동 강서병원 소아과 과장으로 1년간 봉직의 생활을 마치고 1983년 강동구 둔촌동에 박상학소아과를 개원했다. 그리고 2년 후인 1985년 8월, 과천으로 이전 개원하였다. 그러나 그해 4월, 예상치 못한 어려움이 찾아왔다. 왼쪽 눈의 시력이 서서히 떨어지기 시작한 것이다. 처음에는 단순한 피로나 과로로 인한 일시적인 증상이려니 생각했다. 둔촌동 안과의원을 방문했을 때도 안과 의사는 충혈된 상태라며 안약을 처방해 주었다. 하지만 증상은 나아지지 않았고, 다시 안과를 찾았을 때 의사의 진단은 충격적이었다.

"백내장이 본격적으로 진행되고 있습니다."

37세의 젊은 나이에 백내장이라니. 아직 중년도 되지 않은 내게 노인성 질환이라 여겨지던 백내장이 찾아왔다는 사실이 믿기지 않았다. 지금 생각해보면 당시 미처 발견하지 못했던 당뇨병이 원인이었을지도 모른다.

당시만 해도 백내장 수술(안구수정체삽입술)이 보편화되지 않은 시절이었다. 더구나 내 경우는 노인성 백내장과는 달리 진행 속도가 매우 빨랐다. 수개월 만에 왼쪽 눈의 수정체 전체가 하얗게 변해 아무것도 보이지 않게 되었고, 겨우 빛이 있는지 없는지만 구분할 수 있는 상태까지 악화되었다. '과연 앞으로도 내 눈으로 하나님의 창조물을 볼 수 있을까?' 그런 두려움이 엄습해 왔다.

과천으로 병원을 옮길 무렵, 왼쪽 눈은 완전히 젖빛 유리처럼 변해 있었다. 오른쪽 눈만으로 운전하며 출퇴근했지만, 한쪽 시력을 잃다 보니 거리감도 없고 시야도 좁아져 운전이 점점 힘들어졌다. 수술에 대한 두려움 때문에 엄두도 내지 못하고 있었다. 잠을 이루지 못하는 밤이 계속되었다. 어머니와 아내는 내 걱정에 늘 기도하였다. 한편으로는 세상에 내 고통을 아는 것은 나 혼자뿐이라는 생각에 깊은 고독감이 찾아오기도 했다. 의사로서 남의 병을 치료해주지만, 정작 내 병은 손을 대지 못하는 아이러니한 상황이었다.

그러다 다음 해인 1986년 10월 11일 토요일 밤, 내 인생을 바꿀 특별한 꿈을 꾸었다. 꿈에서 나는 너무나 강렬하고 밝은 빛을 마주했다. 그 빛은 너무 강렬해서 눈을 뜰 수 없을 정도였다. 그리고 무언의 메시지로 성경 말씀 두 구절이 내게 전해졌다.

"내가 곧 길이요, 진리요, 생명이니, 나로 말미암지 않고는 아버지께로 올 자가 없느니라." (요한복음 14:6)

"두려워하지 말며 놀라지 말라. 네가 어디로 가든지 네 하나님 여호와가 너와 함께 하느니라." (여호수아 1:9)

첫 번째 말씀은 익히 알고 있었지만, 두 번째 말씀은 정확히 성경 어디에 있는지 잘 몰랐다. 새벽에 잠에서 깨어났을 때 그 꿈은 너무나 생생했고, 내 영혼을 흔드는 강한 울림이 있었다. 그날은 둘째 주일이라 성락성결교회에서 의료선교를 준비하고 1부 예배를 드리기 위해 서둘러 교회로 향했다. 예배당에 도착해 주보를 펼쳐보는 순간, 나는 깜짝 놀라 숨을 멈췄다. 바로 어젯밤 꿈에 나타났던 첫 번째 성경 말씀(요한복음 14:6)이 그날 설교 본문으로 적혀 있었던 것이다.

놀라움과 기쁨으로 가득 찬 마음으로 예배를 마치고, 박태희 담임목사님의 기도를 받은 후 의료선교를 위해 교회 봉고차를 타고 안성의 한 교회로 향했다. 현지 교회에 도착해 예배에 참석하여 주보를 펼쳐보니, 또 다시 놀라운 일이 벌어졌다. 어젯밤 꿈에서 들었던 두 번째 말씀, 여호수아서 1장 9절이 그 교회의 설교 본문으로 나와 있었다. 그 순간 나는 살아 역사하시는 주님의 임재와 현존을 생생하게 체험했다. 이 신비로운 경험을 고등학교 동창 모임에서 간증했을 때, 어느 동창은 "그럴 수 있어. 사람이 어느 주제로 노심초사하다 보면 앞일이 꿈에 나타나는 선몽을 꿀 수 있지"라고 말했다. 그러나 정말 놀라운 일은 그 다음 날 아침에 일어났다.

출근을 위해 차를 몰고 가던 중, 운전석 옆 좌석에서 분명한 인기척이 느껴졌다. '꿈에서 주님을 만났으니 나와 동행하시겠지'라고 의식적으로 생각한 것도 아닌데, 문득 옆 좌석에 성령님이 함께하고 계신다는 강한 느낌이 들었다. 그 순간부터 한쪽 눈으로 운전하는 것이 전혀 두렵지 않았다. 마침내 용기를 얻어 왼쪽 눈의 백내장 수술을 위한 준비에 착수했다.

> "여호와는 나의 빛이요 나의 구원이시니 내가 누구를 두려워하리요 여호와는 내 생명의 능력이시니 내가 누구를 무서워하리요." (시편 27:1)

세브란스병원 안과 주임교수님을 찾아가 외래 진료를 받았다. 교수님은 젊은 사람에게 이렇게 심한 백내장은 흔치 않다며 과거에 눈을 다친 적이 있는지 물으셨고, 곧 수술 예약을 잡아주셨다. 당시에는 백내장 수술 후 4~5일 입원하는 것이 일반적이었기에, 과천의 내 병원 진료를 대신할 후배 소아과 의사를 찾아 대진을 부탁했다.

그런데 그날 오후, 뜻밖의 전화가 걸려왔다. 세경회(세브란스 병원 경기고 출신 모임)의 한 소아과 후배였다.

"선배님, 백내장 수술하신다면서요?"

나는 깜짝 놀랐다. 아무에게도, 심지어 동생들에게조차 말하지 않았는데 어떻게 알았냐고 물었다. 후배는 고등학교 후배인 안과 전공의에게 전화가 왔는데 나를 세경회에서 만난 적이 있다고 했다. 그 전공의의 이야기는, 당시 세브란스병원 안과에서 백내장 수술을 막 시작한 무렵이라 경험이 충분하지 않기 때문에 지금 수술하면 실패 확률이 높으니 다른 곳에서 수술받는 것이 좋겠다는 조언이었다.

이런 전화까지 받고 그대로 수술에 들어갈 수는 없었다. 입원을 취소하고 생각해보니, 세브란스병원 소아과 L 교수님이 백내장 수술을 받으셨다는 이야기가 떠올랐다. L 교수님을 찾아뵈니 깜짝 놀라시며, 광화문 공안과에서 수술을 받으셨다고 알려주셨다. 그래서 공안과 공영태 원장님(세브란스병원 2년 선배)을 찾아가 외래 진료를 받았다. 공 원장님은 L 교수님도 자신이 직접 수술했고 지금은 잘 보신다며 다음 날 수술 일정을 잡아주셨다.

1986년 12월 24일 아침 일찍, 크리스마스 이브에 나는 외래에서 왼쪽 눈에 국소마취 후 수술대에 올랐다. 수술 과정에서 모든 소리가 들렸다. 의사의 지시, 기구가 부딪히는 소리, 혼탁한 수정체를 제거하는 소리까지. 그리고 인공수정체를 삽입하는 순간, 거의 2년 동안 보이지 않던 왼쪽 눈의 시야가 갑자기 밝아지면서 수술하는 의사의 손이 보였다. 그 순간의 기쁨은 말로 표현할 수 없었다. '이제 보인다!'라고 소리치고 싶었지만, 수술 중이라 꾹 참았다.

수술 후 잠시 안정을 취한 뒤 퇴원해 집으로 돌아왔다. 며칠간 공안과를 다니며 처치를 받고, 과천의 진료실로 출퇴근했다. 주 1회 안과 외래에서 진료를 받았는데, 집에서 광화문까지 갔다가 과천으로 출근하는 길이 너무 멀어 가까운 강남세브란스병원(당시 영동세브란스병원) 안과에서 나머지 외래 진료를 받아도 되는지 여쭈었더니 다행히 괜찮다고 하셨다.

강남세브란스병원 안과 의사는 내 상황을 듣고 놀라워했다.

"선생님은 정말 운이 좋으셨네요. 보통은 며칠 입원해서 절대 안정을 취해야 하고, 얼굴도 숙이면 안 되고 양치질도 금하는데..."

이제는 많은 후배 안과 의사들이 백내장 수술을 무척 잘 하고 있는 것을 보면, 공안과 원장님은 수십 년을 앞서간 선구자였던 것 같다.

몇 차례 공안과에서 진료를 받았는데, 공 원장님은 당시 국내에 인공수정체삽입술을 배울 기회가 흔치 않아 미국을 수십 번 다니며 술기를 익히고 수술 동영상을 100번 넘게 보셨다고 말씀하셨다. 그분의 부친은 공병우 박사님으로, 공안과병원을 개원하셨고 미국에서 보편화된 타자기를 보시고 공병우식 3벌 한글타자기를 발명해 우리나라 관공서에 보급한 분이셨다.

이런 훌륭한 전문가를 만나게 하시고, 근 40년 동안 광명 속에서 살게 하신 하나님께 감사드린다. 만약 1986년 첫 안과 수술이 실패했다면, 한쪽 눈을 완전히 잃었을지도 모를 일이었다.

그 후 수년간 나는 세브란스병원 안과에 입원하기 직전 전화를 해준 소아과 후배에게 누가 그런 정보를 알려주었는지 물어보았지만, "본인이 원치 않으니 그냥 모르고 계시라"는 답변만 들을 수 있었다.

시간이 흘러 현재는 당뇨병이 심해져 인슐린 주사로 혈당을 조절하고 있는데, 당뇨병 합병증으로 당뇨병망막병증이 생겨 2개월 간격으로 왼쪽 눈에 주사를 맞고 있다. 그러던 중 2023년 강남세브란스병원 안과에 진료를 받으러 갔을 때 놀라운 일이 일어났다.

안과 교수가 나를 보더니 깍듯이 인사하며 말했다. "박 선생님, 저는 30년 전 전공의 1년차 때 소아과 선배를 통해 선생님께 연락드린 적이 있습니다." 순간 나는 놀라서 벌떡 일어나 그의 두 손을 잡고 덕분에 30년간 잘 지냈다며 깊은 감사의 인사를 전했다.

이 모든 과정을 돌아보면, 내 인생의 중요한 순간마다 하나님께서 섬세하게 간섭하시고 인도하셨음을 깨닫게 된다. 꿈을 통한 메시지, 두 교회의 설교 본문, 전화 한 통의 경고, 그리고 뛰어난 의술을 가진 의사와의 만남까지… 이 모든 것이 나의 의지

나 노력이 아닌 하나님의 은혜로 이루어졌음을 고백한다. 로마서 8장 28절의 말씀처럼 '모든 것이 합력하여 선을 이루는' 결과가 된 것이다.

### 심장혈관 스텐트를 넣다

:

생명의 위기에서 맞이한 새로운 은혜

2002년 10월의 어느 저녁, 집에서 휴식을 취하던 중 갑자기 명치 부근에 진땀이 날 정도의 강한 통증이 느껴졌다. 가슴을 꽉 쥐어짜는 것 같은 느낌이 15~20분간 지속되었다. 나는 위염이나 위궤양에서 오는 통증일 것이라 추측하고 제산제와 소화제를 복용했다. 통증은 어느 정도 사라진 듯 했지만, 상복부에 뻐근한 불편감은 계속 남아있었다. 마음에 걸려 내시경 검사를 받아봐야겠다고 생각했지만, 다음 날은 개천절 공휴일이라 병원 방문을 다음 날로 미루었다.

10월 3일, 친척 결혼식에 참석한 후 집으로 돌아와 식사하는 자리에서 나는 어제부터 생긴 증상을 지나가는 말로 얘기했다. 공휴일이라 작년에 결혼한 큰딸과 사위가 함께 있었다. 당시 중앙대학교의료원 내과 전공의 4년차였던 사위는 내 말을 듣자마자 표정이 변했다.

"지금 당장 응급실로 가셔야 합니다. 이건 소화기 문제가 아니라 급성 관동맥 증후군, 급성 심근경색증처럼 심장 문제일 가능성이 높습니다."

나는 "숨이 차지도 않는데 심근경색증일 수 있나?"며 반신반의했지만, 사위는 단호하게 옷을 챙겼다. 그렇게 이끌려 함께 차에 올랐다.

중앙대학교 용산병원 응급실에 도착해 심전도검사를 받았는데, 특별한 이상은 없어 보였다. 집으로 돌아가려 하자 사위는 심전도에서 변화가 없을 수도 있으니 혈액검사까지 확인해봐야 한다며 막았다. 얼마 후 혈액검사 결과가 나왔다. 심장근육이 손상되면 상승하는 트로포닌troponin 수치가 정상 범위의 10배에 달했다. 사위는 자신의 은사인 순환기내과 김상욱 교수님(현 중앙대학교광명병원 심뇌혈관병원장)께 연락을 드렸고, 공휴일임에도 불구하고 김 교수님은 직접 심장초음파검사를 해주셨다.

검사 결과는 심각했다. 좌심실벽 한쪽의 움직임이 떨어진 상태로 긴급하게 심장혈관(관상동맥)에 스텐트를 넣어 뚫어야 했다. 김 교수님의 자세한 설명에 감사를 전하고, 나는 대학 동기인 신촌세브란스병원 심장내과 심원흠 교수에게 연락해 신촌세브란스병원 응급실로 옮겼다. 그리고 심장혈관에 스텐트 2개를

넣는 시술을 받았다.

> "내가 사망의 음침한 골짜기를 다닐지라도 해를 두려워하지 않을 것은 주께서 나와 함께 하심이라 주의 지팡이와 막대기가 나를 안위하시나이다." (시편 23:4)

몇 년 후, 다시 가슴에 불편감이 느껴졌고 중앙대학교병원 순환기내과 김상욱 교수님을 찾아가 다시 심장혈관 스텐트 시술을 받았다. 그 이후로 다행히 큰 문제 없이 지내고 있다. 이 사건을 돌아보면, 만약 사위가 그날 나를 강제로 응급실에 데려가지 않았다면, 내 의료선교 이야기는 20년 전에 마무리되었을 것이다. 심근경색증은 몇 시간 내에 적절한 조치를 취하지 않으면 목숨을 잃을 수 있다. 사위의 단호한 결단과 전문적인 지식이 내 생명을 구한 것이다.

이 경험을 통해 나는 의학이 얼마나 빠르게 발전하는지, 그리고 의과대학 시절 배운 지식만으로는 현대의학의 진보를 따라갈 수 없다는 사실을 실감했다. 사위인 안지현(내과 전문의)은 결혼 1년 만에 그렇게 내 생명을 구하였다. 그는 전공의 시절 순환기내과 석사 학위를 취득했고, 군의관으로 복무한 후에는 내분비내과 전임의 과정을 거쳐 중앙대학교 의과대학과 병원에서 교수직을 역임했다. 그는 내과 전문의로서 드물게 순환기내과와 내분비내과 두 분야를 공부한 의사다. 그리고 그는 신문방송대학원에서 언론학 석사 학위도 취득했으며, 최근에는 사이

버대학교에서 인공지능을 공부하고 있다. 의학전문 도서를 수십 권 집필하였으며, 신약개발에 헌신한 배진건 박사님과 피부과 함익병 원장님 책의 편집인을 맡기도 했다. 이 가운데 배진건 박사님의 책 '사람을 살리는 신약개발 Back to BASIC'은 한국과학창의재단 우수과학도서에 선정되기도 했다. 이처럼 진료실 밖에서 올바른 건강의학정보를 대중에게 알리는 것이 또 다른 방식으로 생명을 구하는 일이라는 신념을 가지고 있다.

의학채널 비온뒤에서 정진희 PD와 함께(우측 상단 QR 코드로 들어가면 영상으로 연결된다.)

사위는 2022년에 국내 최대 의학채널인 '비온뒤'의 에디터로 활동하며, 구독자를 80만 명에서 오늘날 200만 명으로 성장시키는 데 기여했다. 지금은 (재)한국의학연구소에서 건강검진을 통한 질병의 조기 진단과 치료를 위해 연구하고 있으며, 유튜브

채널 '쉬운건강' 등을 통해 건강정보를 제공하고 있다.

필자가 역자와 감수로 참여한 도서들

이 모든 여정에서 나는 하나님의 섭리를 깊이 느낀다. 한편으로는 죽음의 위기에 직면했지만, 다른 한편으로는 내 사위를 통해 생명을 구하는 은혜를 베푸신 것이다. 그리고 이 경험을 통해 나는 의료선교사로서 더욱 겸손한 마음으로 환자들의 아픔을 이해하고 공감할 수 있게 되었다.

## 에비슨 봉사상을 수상하다

:

예기치 않은 인정의 순간

　내가 졸업한 연세대학교 의과대학은 광혜원이라는 서양식 병원에서 시작해 우리나라 최초로 서양의학 교육을 시작한 곳이다. 이 대학은 긴 역사만큼이나 각지에서 환자들을 위해 헌신적으로 의료봉사를 해온 동문 의사들이 많다. 그래서 의과대학 총동창회는 1999년부터 '에비슨 봉사상'을 제정하여 수여하고 있다. 이 상의 이름은 세브란스의 역사에서 중요한 인물인 올리버 R. 에비슨 박사를 기리는 것이다. 에비슨 박사는 캐나다 토론토 대학교 의과대학 교수직을 버리고 1893년 조선에 입국하여 제중원 운영을 맡았던 선교사다. 그는 단순히 의사로서만이 아니라 그리스도의 사랑을 실천하는 선교사로서 조선 사람들을 위해 헌신했다.

　나에게 의료선교는 하나님께서 내게 주신 사명으로, 응당 해야 할 일이었기에 이것으로 상을 받는다는 생각을 해본 적이 없었다. 수많은 지역을 다니며 의료봉사를 하면서, 환자들이 회복되었다는 소식을 접하거나 그곳에 복음이 널리 전파되었다는 이야기를 들을 때면 "이것이 하나님께서 주시는 진정한 상이구나"라고 생각하며 감사할 뿐이었다.

내 클리닉이 있는 과천 일대의 재개발로 인해 잠시 목동으로 이전했을 때, 우연히 내과 의사인 대학 후배를 만나게 되었다. 그때 우리는 자연스럽게 의료선교에 관한 이야기를 나누게 되었다. 이후 의과대학 동창회로부터 연락이 왔는데, 그간의 봉사 활동에 대해 자세히 알려달라는 요청이었다. 물론 나는 하나님께서 인도하신 의료선교의 여정을 있는 그대로 전했을 뿐, 무슨 상을 받으리라 생각하지 않았다. 그런데 얼마 후 2007년 '에비슨 봉사상'의 수상자로 선정되었다는 연락을 받고 깜짝 놀랐다. 이런 영예로운 상을 받게 될 줄은 꿈에도 생각하지 못했기 때문이다.

2007년 1월 27일, 나는 400여 명의 동문이 모인 자리에서 '에비슨 봉사상'을 수상하러 단상에 올랐다. 그 순간 가장 먼저 하나님께 "이러한 상을 주신 은혜에 감사합니다."라는 기도를 마음속으로 드렸다. 모교에서, 그것도 존경하는 많은 동문들 앞에서 이런 인정을 받게 되어 감격스러웠다.

수상 소감을 말하면서, 나는 이 상이 단지 나 개인에게 주어지는 것이 아니라 함께 의료선교에 동참해준 모든 동역자들과 내가 방문했던 각국의 환자들에게도 함께 돌아가는 영광이라고 생각했다. 그리고 무엇보다 이 모든 일을 가능하게 하신 하나님께 감사를 드렸다.

에비슨 봉사상과 수상 순간

상을 받는 그 순간, 내 머릿속에는 지난 의료선교의 여정이 주마등처럼 스쳐 지나갔다. 필리핀의 외딴 마을에서 만났던 환자들, 카자흐스탄에서 만난 고려인들, 중국에서 만난 심장병 어린이들, 몽골의 광활한 초원에서 만난 환자들… 그들 모두의 얼굴과 웃음이 내 기억 속에 생생히 남아있었다.

"그러나, 내가 나 된 것은 하나님의 은혜로 된 것이니 내게 주신 그의 은혜가 헛되지 아니하여 내가 모든 사도보다 더 많이 수고하였으나 내가 한 것이 아니요. 오직 나와 함께 하신 하나님의 은혜로라." (고린도전서 15:10)

이 성경 말씀처럼, 내가 의료선교사로서 해온 모든 일은 결코 내 힘이 아닌 하나님의 은혜였다. 그분이 나를 인도하시고, 필요한 지혜와 능력을 주셨기에 가능했던 일이었다. 에비슨 봉사상은 이런 하나님의 은혜를 또 한 번 일깨워주는 계기가 되었다.

앞으로도 나는 세브란스의 모토처럼 아픔으로 고통받는 아이들을 자유롭게 하고, 생명을 살리는 일에 계속 헌신하고자 한다. 이것이 하나님께서 내게 주신 부르심(소명)이며, 나는 이 사명에 순종하여(순명) 내게 남은 시간 동안 최선을 다해 섬기려 한다. 내 인생의 마지막 순간까지 내게 힘과 능력을 부어주실 하나님께서 함께하실 것을 믿어 의심치 않는다. 나는 이 상을 단순한 인정의 표시를 넘어, 앞으로도 계속해서 하나님의 사랑을 실천하라는 격려의 메시지로 받아들였다.

## 어머니 고 이유수 권사님의 우물 기증

:

생명의 물을 나누는 유산

　이 책을 통해 나는 하나님께서 내게 주신 의사로서의 달란트를 활용하여 얻은 의료선교의 은혜로운 경험과 성과를 나누고자 했다. 책을 마무리하면서, 직접적인 의료선교는 아니지만 수많은 사람들의 생명을 살리고 그곳에 교회까지 세워지게 된 또 다른 형태의 나눔에 대해 짧게 나누고자 한다.

　나의 어머니 고 이유수 권사님은 성락성결교회 초창기의 1세대 교인이셨다. 고 박태희 목사님이 제2대 목회자로 부임하신 초창기(1964년경)부터 신앙생활을 하신 분이다. 초기에는 거의 천막교회 수준으로, 수십 명이 모여 예배를 드리는 작은 공동체였다. 박 목사님은 부임하신 후 교인들과 함께 열과 성을 다해 전도하셨고, 모든 이들에게 지극한 사랑을 베푸시며 기도하셨다. 그런 헌신의 열매로 교회는 지금의 큰 교회로 성장, 발전하게 되었다. 참으로 한없는 주님의 은혜가 함께 하신 성과이리라.

"하나님이 이르시되 내가 정녕 너와 함께 있으리라." (출애굽기 3:12)

어머니는 신앙생활의 모든 면에서 본이 되셨다. 교회에 빠지지 않고 가셔서 기도하시고, 가정에서는 자녀들을 위해 무릎 꿇고 기도하셨다. 어머니의 기도는 우리 가족의 든든한 영적 방패였고, 나의 의료선교 여정에도 커다란 힘이 되었다.

2013년, 어머니께서 91세의 나이로 하나님의 품에 안기셨다. 근 오십 년간 꾸준히 교회를 섬기신 만큼, 수천 명의 교인들이 조문을 다녀갔다. 그 과정에서 모인 조위금을 어떻게 사용하는 것이 가장 뜻깊을지 깊이 고민하며 기도했다.

그때 '기아대책'의 박재범 목사님이 소개해주신 '동남아지역 우물 파주기' 사업이 떠올랐다. 물이 부족한 지역에 우물을 파고 펌프를 설치해주는 이 사업은, 그 지역 주민들에게 생명의 물을 제공하는 귀중한 사역이었다. 나는 어머니의 성함으로 캄보디아, 베트남, 필리핀에 우물을 파고 펌프를 가설하는 사역에 조위금을 헌금했다.

그 후 시간이 흘러 잊고 지내던 중, 수년 전 막냇동생인 박상태 목사(군포시 청지기교회 담임목사)가 캄보디아를 방문했다.

그곳에서 그는 어머님의 조위금으로 만들어진 우물을 찾아갔다. 그리고 현지에 세워진 우물 펌프터에 고 이유수 권사님 기증 명판이 세워져 있는 것을 보고 사진을 보내왔다.

어머니 이름으로 기증한 우물 펌프 'Donated by Ms. Yu Soo Lee'(이유수 여사가 기부)라고 쓰여있다.

　동생은 정말 감동적이라고 내게 메시지를 보내며 그곳의 이야기를 더 전했다. 물을 구하기 힘든 그 지역 주민들이 우물 덕분에 매우 감사해하고 있으며, 그 지역에 교회가 세워져 부흥되고 있다는 소식이었다. 이 소식을 들었을 때 내 가슴은 벅찬 감동으로 가득 찼다.

**박상태 목사가 우물 펌프에서 손을 씻고 있다.**

어머니께서 남기신 이 작은 유산은 수많은 사람들에게 생명의 물을 제공할 뿐만 아니라, 그들에게 영적인 생수인 복음까지 전하는 통로가 되었다. 예수님께서 사마리아 여인에게 하신 말씀이 떠오른다.

"내가 주는 물을 마시는 자는 영원히 목마르지 아니하리니 내가 주는 물은 그 속에서 영생하도록 솟아나는 샘물이 되리라."
(요한복음 4:14)

어머니는 조용히 믿음을 지키며 교회와 가정을 위해 헌신하셨다. 그리고 하늘나라로 떠나신 후에도, 어머니의 이름으로 세워진 우물을 통해 여전히 많은 이들에게 사랑과 생명을 나누고 계신다.

이런 나눔의 유산은 내게 큰 교훈을 주었다. 의료선교를 통해 직접 환자들을 치료하는 것도 중요하지만, 때로는 간접적인 방식으로도 많은 이들에게 도움을 줄 수 있다는 것을 생각하게 되었다. 하나님의 사랑을 전하는 방법은 다양하고, 그 모든 과정에서 하나님께서는 우리의 작은 헌신을 통해 놀라운 일을 이루신다.

어머니의 우물 기증 사례는 생명을 살리는 사역의 다른 표현이라 할 수 있다. 의료선교가 육체의 질병을 치료함으로써 생명을 구한다면, 우물은 생명 유지에 필수적인 물을 제공함으로써 많은 이들의 생명을 살리고 있기 때문이다.

우리 각자가 자신의 자리에서 할 수 있는 작은 일부터 시작하자. 그것이 의료봉사이든, 기부이든, 기도이든, 하나님께서는 우리의 작은 순종을 통해 놀라운 열매를 맺게 하신다.

"오직 너희를 위하여 보물을 하늘에 쌓아두라. 네 보물 있는 그 곳에는 네 마음도 있느니라." (마태복음 6:20-21)

우리 부부 내외, 네 자녀와 함께 한 이유수 권사님(가운데)

## 나오며

40여 년의 의사 생활과 30여 년의 의료선교 여정을 돌아보면, 모든 것이 하나님의 은혜였음을 고백하지 않을 수 없다. 때로는 개인적인 시련과 어려움이 있었지만, 그 모든 과정이 하나님의 섭리 안에 있었으며, 그분은 항상 내게 새로운 은혜와 감사의 이유를 주셨다.

왼쪽 눈의 백내장 수술을 통해 빛을 되찾게 해주신 은혜, 심장혈관 스텐트 시술을 통해 생명을 연장해주신 은혜, 에비슨 봉사상 수상의 영예를 안겨주신 은혜, 그리고 어머니의 우물 기증을 통해 나눔의 가치를 깨닫게 해주신 은혜까지… 이 모든 경험이 내 삶의 소중한 자산이 되었다.

의료선교의 길은 때로는 힘들고 지치기도 하지만, 그 여정에서 만난 수많은 환자들의 미소와 감사의 말 한마디가 모든 수고를 잊게 만든다. 특히 심장병 수술을 받고 건강을 되찾은 아이들이 자라서 건강한 모습으로 다시 만날 때의 기쁨은 이루 말할 수 없다.

앞으로도 하나님께서 허락하시는 한, 나는 이 사명의 길을 계속 걸어가려 한다. 나이가 들어 체력이 약해져도, 하나님께서 주시는 힘으로 환자들을 돌보고 복음을 전하는 일에 최선을 다할 것이다.

마지막으로, 이 여정을 함께해준 모든 동역자들에게 다시 한 번 깊은 감사를 전한다. 묵묵히 의료선교에 동행해 준 분들과 기도해 주신 분들, 물심양면으로 후원해 주신 분들, 그리고 현지 선교사님들까지… 이들의 헌신과 수고가 없었다면 한 사람의 힘으로는 결코 이루지 못했을 일이다.

내가 의료선교의 길을 걸으며 배운 가장 중요한 교훈은 '너희가 거저 받았으니 거저 주라'는 예수님의 말씀을 실천하는 삶이었다. 이제 남은 삶 동안, 후배 의료인들에게 나의 경험을 나누고, 그들이 이 길을 올바르게 걸어갈 수 있도록 돕고자 한다. 하나님께서 주신 소명이 내게서 끝나지 않고 다음 세대로 이어지기 바란다.

이 책을 통해 살아계신 하나님의 위대한 사랑과 능력이 여러분의 마음에도 전해지기를 소망한다. 그리고 여러분도 각자의 삶의 자리에서 하나님께서 주신 달란트를 발견하고, 그것을 통해 이웃을 섬기는 기쁨을 경험하시길 바란다.

지난 8월에 성락성결교회 제25차 단기 해외 의료선교(필리핀)를 다녀왔다. 계속할 수 있도록 건강과 모든 여건을 허락하신 주님께 감사와 영광을 드린다.

"나의 영혼아 여호와를 찬양하라 내 속에 있는 것들아 다 그의 거룩한 이름을 찬양하라." (시편 103:1)

2025년 9월 박상학 드림

## 소명 사명 순명

| | |
|---|---|
| **발행일** | 2025년 9월 29일 초판 1쇄 |
| **지은이** | 박상학 |
| **펴낸이** | 박진형 |
| **펴낸곳** | 인벤터스(Inventors) |
| **출판사등록** | 제 2018-000206호 |
| **주소** | 서울 강남구 언주로 116길 23, B101호 |
| **이메일** | inventorskorea@naver.com |
| **연락처** | 070-4107-9737 |
| **ISBN** | 979-11-983233-4-7(03810) |

· 이 책은 저작권법에 의하여 보호를 받는 저작물이므로 무단 전재와 복제를 금합니다.
· 파본은 구입하신 서점에서 교환해드립니다.